中华译学馆·艺术家

达·芬奇传

〔法〕苏菲·肖沃◎著

郭一帆　徐诗莹◎译

浙江大学出版社
ZHEJIANG UNIVERSITY PRESS

《圣母领报》（1472—1475）

《吉内芙拉·德·本奇》（1474—1478）

安德烈亚·韦罗基奥（1435—1488）

《基督受洗》（1475—1478）

《哺乳圣母》（1490—1491）

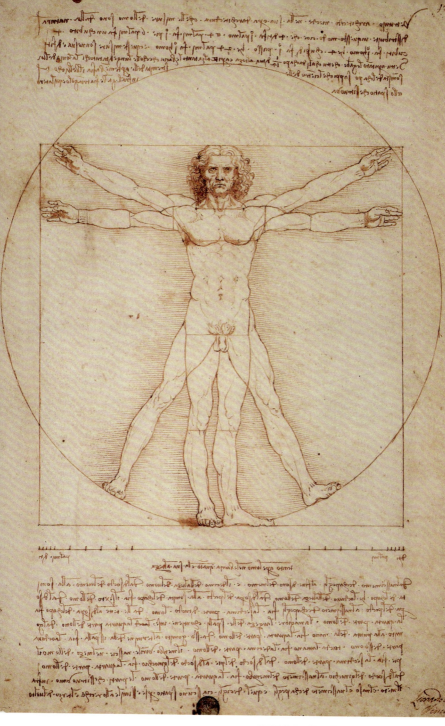

《维特鲁威人》（约 1490）

《最后的晚餐》（1494—1498）

《忠诚的蜥蜴寓言》（正面）；《舞台装置设计》（背面）（1496）

《蒙娜丽莎》（1503—1506）

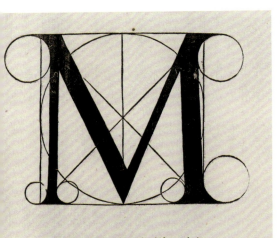

卢卡·帕乔利
（约1445—约1514）
《神圣比例》内页（1509
年6月1日出版于威尼斯）

Questa lettera .M. se caua del tondo e del suo quadro le
gambe suttili uogliano esser per mezo de le grosse comme
la senistra del .A. le extreme gambe uogliano esser al quan-
to dentro al quadro le medie fra quelle e le intersecationi
de li diametri lor grosseze . grosse e sutili sereferescano a
quelle del .A. come di sopra in figura aperto poi compren-
dere.

《施洗者圣约翰》
（1513—1516）

《列奥纳多·达·芬奇画像》
（取材自列奥纳多·达·芬
奇的自画像，以及温塞斯
劳斯·霍拉的素描，来自
波特兰博物馆）（1786）

安东尼奥·贝利尼
（约 1770—1830）
《列奥纳多·达·芬
奇画像》（19 世纪
早期）

意大利佛罗伦萨乌菲兹美术馆外的达·芬奇雕像

目 录

引 言

除了上帝,列奥纳多毫无疑问是被写得最多的一个人了。

——丹尼尔·阿拉斯[1]

一位研究列奥纳多·达·芬奇的著名学者,肯尼思·克拉克[2],曾发表过一个精到的见解:这位令人赞叹的人物在每个时代都会被重新演绎。

当一个人是绘画、美学,甚至是工程学的标志性人物时,他就应该符合每个时代人们的品位。

五百年后,达·芬奇有机会被重新赋予许许多多的个性。不断有传记作家[3]根据他们时代的潮流,轮番为这位人物重新塑造历史。而达·芬奇也巧妙地为他自己的传奇添砖加瓦。

在历史上,是否有一些伟大的角色曾有过起伏如此之大的生平经历? 可能在我们公认的世界级天才中会有

---

① 丹尼尔·阿拉斯(1944—2003),艺术史学家,意大利文化爱好者,他称自己为"意大利狂"。意大利文艺复兴研究最著名的专家,尤其是关于利皮和达·芬奇。

② 一位出色的达·芬奇传记的作者。

③ 更不用提许多滥用这个主题的小说家了。

几个……尽管如此,达·芬奇仍然是其中最复杂最有争议的一个。不到半个世纪就会有对他生平的新的修正,不然就是根据时代对他的作品进行新的解读。如何在矛盾之林中重新找到方向呢?

这里同时用到了两个方法:对照和个人的确信。考虑到时代和发生过的大大小小的事件,看起来最为可靠的是以下信息:蠢蠢欲动的佛罗伦萨,带有文艺复兴色彩的几个小革命,比如艺术家地位的崛起、鼠疫;一些确信发生过的远航;几件被正式载入传记的事(契约,诉讼,雇佣,出生,死亡……),几件确信度并不高的事;最后,列奥纳多带来的真正的观念上的变革,万事的动因不再是上帝,而是人类自己。剩下的,就要在各种版本中挑选从历史角度看来最可能的版本,然后接受那些最起码三次被验证是正确的版本。

举其中一个例子,我们从故事的结尾说起,安格尔那幅著名的画作描绘了达·芬奇逝世的时候,弗朗索瓦一世把他抱在怀里的情景,然而达·芬奇离开人世的那一天,弗朗索瓦一世明明是在圣日耳曼昂莱履行他作为国王和父亲的责任。他在那里参加他第二个儿子的受洗仪式。时间完全是错误的……最好还是遵循列奥纳多·达·芬奇的真实生平,遵循我们所了解的,以及极少的可确定之事。

如果按照人们惯常的方式,应该从他的出生讲起,然后围绕他的一生展开,最后以他的去世作为终结。然而在达·芬奇这种情况下,难题从一开始就出现了。他是偷偷被生下来的,我们不知道地点在哪里。在芬奇,还是在安西亚诺?在他母亲家,还是在他父亲家?有几个山

丘的距离?

与之相反,他受洗礼的日期倒是被庄重地记载进了他祖父安东尼奥的《记忆之书》[①]。按惯例,孩子是在出生的第二天接受洗礼。所以他应该出生在 1452 年 4 月 15 日。

这之后呢? 在他十二、十四或十六岁之前,他的生平都不甚明了。

在他的祖父去世后,也可能是在他父亲的第一任妻子——她在芬奇曾或多或少抚养过他——去世后,他的父亲瑟·皮耶罗把他带到了佛罗伦萨,在那里他度过了将近二十年。他获得了极大的成功,也遭受了巨大的失败。他没有得到应该得到的认可,不管是在他自己眼里,还是在他同行眼里。几起法律纠纷严重损害了他的声誉。他逃走了,去伦巴第的米兰公爵卢多维科·斯福尔扎那里碰运气。在那里他也待了将近二十年。就像在佛罗伦萨一样,他不断地经历成功与失败。

在离开米兰之后,他人生的最后二十年过着流浪与依赖别人的生活。到最后,如果不是第三位法国金主对他大加赞赏,给他提供皇室的款待,他甚至会走投无路到乞讨的地步。

他被埋葬在哪里? 没有坟墓,没有尸骨堆,也没有遗骸。法国大革命和时间把他遗留下的一点点东西都散尽了。

就这样,这个从他年轻时代,一直到死后五个世纪的今天都赫赫有名的男人,没有安息之处。而他的人物形

---

① 富人或中产家庭用来证明出生、死亡、遗产状况和告知家族情况变动的小册子,贫困家庭一般没有。类似于后来的公证登记簿。

象却无与伦比的鲜活,他本身就是一个不断被改写的神话。他在世的时候精心装饰了他的人生,而自从他消失在这世界上起,他更是不断完善着自己的传奇。

在全世界范围内,他的名字就是美、艺术、魔力、恩赐、绝对,甚至是天才的代名词,他的名字让人畅想神秘,给神秘饰上了光环。

因为这位全宇宙最著名的画家,留给世界仅仅十二幅画作,包括未完成或已经被损坏的……这位人类有史以来最伟大的雕塑家,没有留给后人任何一件见证他才华的作品……作为建筑学家,也没有作品留世……作为自认为研究出了一系列用来打赢战争、"消灭战争"[1]的技术发明的军事工程师,他也什么都没有留下……而作为出色的学者,这位天资卓越的发明家并没有把万能的机器带到世上。很久以后,当时代早就略过了他,当人们早已发明了他所预见的那些东西,他那些著名的"小册子"才被找到……

任何一个历史学家都不能断言,说他画着绝妙机器的图纸不只是简单的引用,也不能说是完完全全抄袭了他同行的发明创造。随着时间流逝,这仍然是很多人关心的问题。

2000 年 6 月在马德里,人们在一本已经被证实是出自列奥纳多之手的"小册子"上发现了画有棱锥形降落伞的详细图稿,这本"小册子"在 21 世纪之前都不为人知。一位有钱的资助者说服了英国跳伞员阿德里安·尼古拉斯据此试验,从南非克鲁格国家公园 3000 米的上空跳下

---

① 本书正文引用的参考文献以注释形式收录于文后。编号格式为:1,2,3,……,每一篇重新编号。

来。给他配备的飞翔装置，严格地按照达·芬奇的图稿说明制作，布的材料由亚麻代替了棉。伞衣由松木来做框架，重大约 100 千克：是当代降落伞重量的 40 倍。尽管如此，降落过程毫无阻碍。前 2000 米的下落用了 5 分钟，这个速度相当慢了。所以我们可以说这个降落伞运作得很棒！但是在下落的最后一段我们仍然要打开一个现代的降落伞。达·芬奇的模型不够灵活，它太重了，可能会在跳伞员到达地面的时候塌掉，造成致命的危险。

"小册子"上与世隔绝了四五个世纪的发明是不是真的出自达·芬奇之手，这个疑问是否会永远不得而知呢？没有什么可以完全确定。如果有的话，是其中一些还是全部？又是哪些？同时代的艺术家都相互抄袭，当他们觉得他们同行的工作很出色时，他们就会记下那些主意、计划、图纸，甚至是成品。知道它们的作者又有什么呢？重要的、引人遐想的是发明本身。很多时候，再次把这种梦想付诸行动的不是创造者，而是仰慕者，对于列奥纳多而言，则可能是他的完善者。我们忽略，也可能会一直忽略那些令人赞叹的机械是由谁设计的。几个世纪以来，博学者们一直在畅想，射石炮、自行车、潜水艇、降落伞、飞机、潜水服，我们当代所有的这些必需品都是出自达·芬奇的天才之手而来到这个世界上的。然而，罗杰尔·培根几乎画出了所有被归功于列奥纳多的机械发明。即使那些令人难以置信的图纸真的是达·芬奇的，那他对科学界也没有任何影响。他的发明被秘密地记载在"小册子"里，而我们直到 1880 年才发现，可能我们直到现在都还没有全部发现，他的梦只停留在梦的阶段，而他的计划，只是死了的文字。不管是多是少，他都没有为人类的

进步做过贡献。

　　那么这位著名的列奥纳多·达·芬奇什么都没有留给世界吗？只有十二幅画，大多数还是没有完工或已经被损坏了的……所以不是每幅画都很精美。也有可能是十三幅画，还有两幅已经被严重腐蚀的壁画。

　　弗朗索瓦一世口中的这位世界上最伟大的哲学家，也没有留下一本专论，没有完成一本著作——他有四十多项计划[①]——他终其一生都梦想能够出版。

　　作为被同行一致称赞的音乐家，他能为了让大家开心而即兴创作，大家也毫不吝惜对他的夸奖，但是没有任何人记下一个绘成音符的乐谱。他的曲子没有一首流传下来。即使是文艺复兴时期最有才华的音乐家若斯坎·德普雷也曾称赞他的作曲极具独创性。

　　也没有人记下那让他在米兰公爵的宫廷声名鹊起的独特乐器。他那些被他那个时代的编年史作家夸赞过的物品，一个都没有流传下来。

　　而作为诗人的列奥纳多，没有一首四行诗，甚至连诗的草稿都没有。相反，他倒是留下了大量充满极度暴戾和下流晦涩的谜语，和通常具有教诲意义的难解之谜。

　　今天我们知道，总体而言，给他带来荣耀，带来他同时代人眼中的成功，带来运气，至少保障了他的物质生活的，是他作为导演组织庆典的独特天赋，他的策划为他所服务的宫廷带来了如仙境般的美妙时光。所以他首先应是一位在转瞬即逝的艺术方面拥有令人惊叹的才智和勇

---

　　① 他列了一个清单，但是我们永远都无法知道这些书是否曾经有机会问世。

气的艺术家。

但是如果追寻他留下来的痕迹,我们还是要回到画上,这是我们唯一几乎①没有怀疑的领域。

关于他绘画方面的后继人又该说什么呢?他的门徒、学生、模仿者……出于谨慎,我们还是不要列举任何一个人了。他的"追随者"直接走向了圣叙尔皮斯主义。他们只留下了些没有一丁点想象力的作品。

虽然五个世纪以来,列奥纳多·达·芬奇一直都是最著名的画家,最受人称赞的艺术家!要相信他的作品中排在第一位的就是他自己的一生,不容置疑的卓越的一生。但是在厚厚的书卷中似乎也找不到他那些曾被我们忽略的事情。只要回想一下,直到 1940 年都无人知晓他的出生日期!同样,沙特瑞里事件②直到战后都从来没被提及过……

年少成名并获得颇多称赞,不管是他在世时,还是在他死后,都有大量自相矛盾的传说被书写。他从没被世人遗忘。尽管 17 世纪和 18 世纪,人们对他没那么感兴趣,但是,19 世纪人们又重新给予了他荣耀。他一直都是人们好奇的对象,但是也激发了怀疑、诽谤和污蔑,就像每个人都有自己的理由去怀疑他,或仰慕他,列奥纳多从未不温不火过。

①　事实上在 19 世纪时,我们曾经把一些画归为他的作品,然而今天我们证实那是卡拉瓦乔的画。列奥纳多留下的画太少了,以至于每个世纪都会有新的作品被声称属于列奥纳多,后来又重新把所属权还给它们真正的作者。而测年法之类的科学方法还不够先进,没有人会完全不受怀疑。

②　指的是达·芬奇被指控鸡奸年轻模特雅克布·沙特瑞里事件。

他确实"太过"了,就像今天孩子们说的那样:过于美丽,过于奇特,过于温柔,过于聪明,过于有才华,过于友好,身体过于强壮,对过多的事情过于有天赋,过于有价值,甚至过于热情……过于天才!而且过于浪荡!尽管有着这样独一无二的声誉,他的一生都在与威胁着他的贫苦做斗争。他要为他的生存而乞讨,即使他享有煊赫的名气,但有时这名气也会带来灾祸。总而言之,他被认为是最好的。毫无疑问在油画上如此,但同时也在素描、文学、音乐、歌唱、数学、解剖、植物学、雕塑、军事、几何、建筑方面……甚至是在诗作方面如此,即使他连一句诗都没有写过!

那么他的素描呢?毋庸置疑,他的素描本身确保了他之后的成功,但是大多数我们都没有找到,就像他的"小册子"一直寂寂无闻,直到 18 世纪末才被人发现。在那之前,他的名声似乎都是毫无根据的。但是,他的声誉随着时间散播,流传到各个地方。他努力想要证明他配得上这些声誉,但是为了不从高处跌落,他采取了回避的姿态。

细数几个世纪以来,很少有,甚至完全没有关于他导演和组织庆典的艺术才能的证据,而这些才能给他带来过最美好的名声和最伟大的荣耀。鲜少有关于这些集体庆典的记载,除了编年史。他最棒的导演作品,他策划的最宏伟的庆典,就是他的一生,他对幸福、庆典和对其他东西的敏锐意识。

编年史作家们都会去讲述、想象、美化他的人生,如果可能的话,还会无所不用其极地使之传奇化、神秘化。

第一部分（1452—1480）

孩童时代

我们能说列奥纳多·达·芬奇有一个幸福的童年吗？以 21 世纪的标准来看，当然是不能的。那是怎样一个童年呢？没有父亲，母亲的参与也极少，无人培养、无人管教、无拘无束，自然也很缺爱；但是，值得肯定的是，这是一个自由宽广、充满野性的童年。以整片南欧大地作为编织梦想的大背景，在一片自圣经时代就存在的橄榄树丛中，在这片拥有文明气息的树下，伴着阵阵蝉鸣以及拂过那芳香四溢的无花果树的叶片、挂满了毛茸茸果实的杏树和漫山遍野流动的小溪的沙沙风声，无不印证着这个孩子自由而狂野的托斯卡纳乡村生活。在锡耶纳（意大利托斯卡纳大区一座城市）、比萨与佛罗伦萨之间，在芬奇（佛罗伦萨省的一个镇）与安西亚诺（位于芬奇小镇，达·芬奇祖居就在此）之间，葡萄园与柏树林之间，灌木丛与密林深处，他如同呼吸一般恣意穿梭。在他眼前呈现的是一派一望无际的风光：丘陵绵延起伏，房屋和露台鳞次栉比，松树乌黑的、构造分明的树干，轻抚着白色

拱门,橄榄树叶透着金属般浅淡的光芒,绿橡树竟带着奇怪的蓝色叶片,还有月桂树、矛形轮廓的柏树……

列奥纳多,自由如飞禽走兽,与它们共同成长在这片区域,这些动物们是他一生的朋友,第一群朋友,也是真正的朋友。没有什么能够使他沮丧,因为他是如此疯狂地热爱着以任何形式存在的生命体:植物、矿物质①、人类,特别是动物。在他还是一个孩子的时候,这些就深深吸引着他,并将一直吸引他直到生命尽头。他所高度推崇的,不过是"生活"二字。

母　亲

在安西亚诺,一个名叫卡塔里娜的少女,年轻的旅馆服务员,很快地被出身大城市的高贵潇洒的公证员所吸引,并怀了身孕。当然也很快就被抛弃了。于是芬奇家族负责安排了这位少女的婚事和住所。孩子在出生后的头八个月,当然是由她亲自抚养的,这之后,芬奇家族为她谋求了一个丈夫,换句话说,为她买了个丈夫来掩盖家族所犯的错误。这个丈夫的外号为 Accattabriga,这个名字常见于部队中,意为"喜欢吵架的人"。娶了卡塔里娜,这位军人就回归到了平民生活,他开始从事石灰锻造工的职业,也就是说,他负责用锻造炉将当地的石灰石制成石灰,最终提炼出砂浆、陶器、肥料……总之,列奥纳多·达·芬奇父亲的家族将这对夫妇安顿好了,免生后患。

列奥纳多出生之后,这个爱吵架的男人又让不幸的

---

① 矿物质是人类,也是全部生命体产生的根源。

卡塔里娜接连地生了六个孩子。我们甚至不敢过问这其中过世了几个孩子。他同母异父的妹妹们分别是皮耶拉、玛丽亚、安东尼亚、丽莎贝塔、桑德拉;唯一的弟弟弗朗切斯科在一场弩战中牺牲。列奥纳多和这些同母异父的弟弟妹妹们很少有交集。因为他们出生的那会儿,列奥纳多已经住在他的祖父家里,和祖母露西亚及叔叔弗朗切斯科住在一起了。而他的父亲与姑姑们早就在遥远的大城市生活了。

芬奇小镇的生活可以说是十分潇洒的,心甘情愿的潇洒。祖父安东尼奥选择 otium(拉丁语:失业)而不是negotium(拉丁语:事务),选择生活的艺术而不是成功的技术,这就是他安逸的小生活。在严峻的生活中找到了属于他的小幸运。让所有多余的开支见鬼去吧!毕竟钱买不来快乐啊!祖父的果园被托斯卡纳的栗子树环绕,这些树在芬奇小镇被称为"面包树"。当小镇漫长的冬天久留不走,栗子树产的"面粉"可以养活居民和家禽。

总而言之,列奥纳多是由于一场爱情事故诞生的,是两个截然不同的家族匆匆结合的结果,一个出生于书香门第,一个来自于放牧人家。这是否就能解释为什么他的体型既匀称又充满力量,头脑既叛逆又敏锐?

父母并不想要这个孩子,但他被接受了。他的成长过程中,没有太多约束,村里的学校要求也不高,只教最

基础的。阿巴克(abaque)①学校传授初级教育。在批发商这个群体中，每个人都要能一眼看出罐子的容量，要懂得买卖，并增加利润。这个孩子出奇的聪明，教他什么都能融会贯通。在阿巴克学校，他很快掌握了老师传授的知识。

人们都说，仿佛没什么伤得到他，主要是我们今天所说的精神创伤。他毫无约束地学着阅读、书写、计算或其他知识。毫无约束的体现就是，他穷其一生保持了左撇子的习惯，没人纠正他，因为没有人认为能够好好教他使用右手。

父辈家族

如果我们对于他母亲的出身忽略不计的话，那么他父亲的家族名声可是在芬奇②小镇光荣存了两个世纪。家族名字就取自于这片土地。这个传统打造了一个公证

---

① 在托斯卡纳大区，公立学校又叫阿巴克(abaque)，学生按阶级不同，可在学校待到十二或十五岁。学校教授算数来满足商人的财务需求。这类学校也招收女子，因为当其丈夫去世时，女人可以接管他的生意。列奥纳多在这所学校打下坚实的基础，之后直接成了安德烈亚·德尔·韦罗基奥的学徒。列奥纳多从未去过文学学校，那里教授拉丁语和之后人们所说的人文科学。

② 让人如此魂牵梦萦的"芬奇"镇名字从何而来呢？词源作为解释比音译更为实在。旧式意大利语中，"芬奇"意为柳条，并没有胜利的引申意义，人们也不会把柳条敬给胜利者。和柳条有关的就是编筐。"芬奇"(Vincio)也是一条河流的名字，河两岸生长着白色柳条和风车似的杨柳。到了19世纪，在芬奇小镇，仍然盛行着曾经深深吸引住列奥纳多的篮筐编织。终其一生，列奥纳多都对缏带饰、绳结、女人的发辫，尤其是类似于发辫的水漩涡，保持着浓厚的兴趣。这些念想有如洪水般凶猛，令他欲罢不能。他曾在手稿里写道："旋涡就像钻孔器，任何东西都不至于坚硬到能抵抗住。"

员的王朝。而公证员的工作主要是：建立合同、认证文书、管理资金支配、确保管理、财务顾问、财务管理的职能。一个公证员可以成为代理人、中介商。这当中只有列奥纳多的父亲瑟·皮耶罗将各个职能的功效发挥到淋漓尽致。列奥纳多的祖父和祖父的第二个儿子弗朗切斯科放弃了这门职业，满足于已有家产，什么也不用做就过得很幸福。当然也不是完全脱离了这个职业，有时候一份紧急送来的合同或诉讼使得祖父安东尼奥不得不暂时打断他跳棋游戏的思考。不过这种情况已经越来越少了，而且整体的生活节奏并没有被打断。然而，正是这样一位祖父，老安东尼奥，开心、自豪而又郑重地宣布了他的孙子——列奥纳多的诞生；也是他在儿子缺席的情况下，在圣洁的一周里为孙子进行了洗礼。尽管列奥纳多是私生子，祖父还是热情地迎接了他的第一个孙子。

　　一个私生子的出生是否会引起轩然大波？历史学家们对此争论不休。那个时代有很多著名的私生子（阿尔伯蒂、波吉亚、利皮①……），私生子这件事涉及的问题绝不是合不合法那么简单。不过也正是因为不合法，使得列奥纳多处于社会的边缘位置，逼迫他打破社会和家庭的陈规束缚，某种程度上也算帮助了他，给了他展示才华的第一次机会。很快他就敏锐察觉到自己的与众不同，并将它内化成一种力量。

---

　　① 　15世纪是众所周知的著名私生子聚集的时期。没有任何一个时期能比那时候能出现更多著名的私生子了。比如著名学者阿尔伯蒂、伊拉斯谟、利皮的儿子（即菲利皮诺·利皮）、费兰特、那不勒斯国王、斯福尔扎、米兰公爵，谁能说这些人出生的不合法性影响到其施展才华了？

父 亲

列奥纳多出生四年后，他父亲瑟·皮耶罗到托斯卡纳首府去寻求荣誉与财富。私生子诞生当年，瑟·皮耶罗娶了一个16岁的年轻女人，阿尔别拉，她漂亮会打扮，于是他开始不时地去芬奇小镇的父亲家里。因为阿尔别拉还没有孩子，所以就将关爱寄托到列奥纳多身上。她想在有自己的孩子之前先学着照顾孩子。但是当这一天降临的时候，她却永远地离开了。我们是否可以因此将《圣母子与圣安妮》（《圣安妮》）画中年轻得不可思议的圣安妮与列奥纳多和母亲、祖母、继母这三个女人复杂的关系联系起来？到底是谁在照看他？

在第一任妻子死后的那年，瑟·皮耶罗又娶了一门亲，妻子同样的年轻漂亮，但更有钱。可惜的是这一任妻子①也是死于难产。至此，列奥纳多的父亲还是没有一个能合法继承他财产的儿子。25年来，作为私生子的列奥纳多一直是他唯一的儿子。

对于列奥纳多而言，父亲或母亲的存在感是极低的，因为他们都不重视他。说到他父亲尝试了25年却得不到一个合法继承人的原因，首先排除"缺乏尝试"这一因素。瑟·皮耶罗的两任妻子都死于难产，而他的第三任妻子则接连生了六个儿子。那时他已经五十多岁了。当第三任妻子死去的时候，他又娶了一个妻子，她又给他生了六个孩子。

---

① 弗朗西斯卡·迪·瑟·朱利亚诺·兰弗雷迪尼，来自托斯卡纳一个大户人家。

因此,列奥纳多的童年是在一群年轻漂亮的女人堆里度过的。不过对于他而言,最好不要在这些女人身上投入感情,因为一旦怀孕,她们就将人间蒸发了。至于他母亲,在离他祖父两个山头的地方,一次又一次怀孕,在新生儿与夭折儿之间,在被迫嫁给的老公的愤怒下长期忍气吞声。

给列奥纳多无拘无束的童年留下深刻印象的可能是不断处于危险生育之中的母亲——真的死去了很多位——至少是令人厌恶的。因为孩子也死了好几个……

列奥纳多·达·芬奇不会有也不想有孩子。在他的"小册子"里很明显地表现出他对这些怀孕女人恐惧的倾向,害怕这些臃肿、交游广阔、杀气腾腾的准妈妈们。所以女性形象在他的解剖图中就是深渊。正如安德烈·沙斯特尔在他的《绘画论》中提到,列奥纳多·达·芬奇对于人类繁殖的模式表现出既厌恶又同情的矛盾情感。

当然,这些母亲的形象是清晰而明亮的,因为她们或死于二十五岁前,如他前两个继母,或突然不告而别,如他亲生母亲远赴大城市谋生,因此留存在他脑海里的这些女人都是永远年轻的。而在他的画板上,他随心所欲地创作着定格在二十岁、美好而永恒的圣母像。

1464 年,他的祖父安东尼奥去世,他便和他父亲住在了一起①,并希望尽快完成学业以便早日工作。

经历了这些丧亲之痛,离乡背井应该是残酷的。童年满是离别的痛。在芳香四溢的山丘,除了祖母以外,还有两个女人、叔叔和祖父承担过照顾这个私生子的责任。

① 没人让他提早来父亲这里,也许只是为了让他完成在韦罗基奥的工作室的六年基本功学习。

所有人对于生活持有的态度都是玩世不恭的。列奥纳多唯一真正获得的遗产,是对生活和万物的热情之心。

佛罗伦萨

抵达佛罗伦萨之后,他就要告别自由,告别大自然以及纯野生状态的生活了。挥别了几个山头外的母亲,再也没有温柔漂亮的继母来照顾他,也没有和蔼可亲的祖母关爱,尤其是他在大自然中体验不同生活的尝试也暂告一段落了。在他父亲那里安定下来后,列奥纳多突然就被要求尽快成为一个大人,并找到一份职业。因为他热衷将看到的一切画下来,因为他喜欢观察并细致再现,因为他身边的人都乐意欣赏他的画作,所以他加入了著名的安德烈亚·韦罗基奥工作室(安德烈亚·迪·乔尼①又被称作为韦罗基奥:慧眼)。这是佛罗伦萨综合性最强、最好的画室,列奥纳多在那学习各类艺术。为何他能轻松进入这间画室?有可能是受其父亲庇护,但大多数人认为他独一无二的天赋才是走遍天下的通行证。

"以你相称"是那里的规定。居民相互之间都直呼其名或者用外号,一般我们只在博士、教士、医生、艺术大师、僧侣或神父之后加上"先生"尊称,但也不总是这样称呼的。托斯卡纳大区处处体现了平等。佛罗伦萨公民过着民主自由的生活,并以推倒社会等级制度为荣。炫耀财富在那里将会受到严厉制裁。

资产阶级和手工艺者一样,他们出入小酒馆喝酒,言

---

① 安德烈亚·德尔·韦罗基奥原名安德烈亚·迪·米凯莱·迪·弗朗切斯科·德·乔尼。

论自由,反驳迅速,幻想从来不会为政治言语所破灭。还有爱背后讲坏话的人!可以毫不夸张地说,托斯卡纳人就是这类人的典范!说坏话的氛围是十分活跃而激动的,愉悦甚至是狂热的。家庭聚餐一般是早上九点到十点之间,若是晚上,则要持续到午夜。丈夫与妻子,兄弟与姐妹,朋友与同伴,吃同一盘菜,喝同一杯酒,面包、蔬菜、果酱、水果相伴。周日还会加餐肉。俗话说得好,"当你杀了一头猪,你应该送邻居猪血香肠,否则他就发怒了"。

佛罗伦萨人还是保持着露天睡觉的习惯,街道就是房屋外的另一间房。天朗气清的夜晚,人们就露天下棋掷骰子。广大群众充当裁判,芝麻点大的事也能引起一场轰动。但每一个人都熟知彼此的一切情况,熟得不能再熟了……

韦罗基奥

安德烈亚·韦罗基奥打开了工作室大门,很有可能也向美男子列奥纳多打开了心扉。只有列奥纳多才称得上"奇才",没错,真正的"奇才"。列奥纳多一来到佛罗伦萨,对他的赞美之词就不绝于耳。颂扬在前,谬赞在后,他似乎把同一辈人都比下去了。优雅、美貌、天赋、幽默、聪慧、亲切……惊叹之词紧跟脚后。他美得无法用言语形容。甚至连乔尔乔·瓦萨里都无法描绘其外貌,因为他美得突破了天际。还有人说他长着天使般的轮廓,天蓝或翠绿的双目清澈明朗,金黄或红棕的头发自然飘逸,

无论谁与他相比,人们都会选这个金发①碧眼的人。肤色纯洁,肌肉紧致,身材修长的小伙,漂亮极了。另外,在那个时代,他居然还能身材高大,身高超过一米九十②。至于他的嗓音,自然也是优美的,甚至是爽朗洪亮的。他将嗓音作为一种工具最大化地发挥作用。他的亲切与幽默家喻户晓。当时,佛罗伦萨人分为画家、艺术家和手工艺者,而善于交际的列奥纳多在所有行业中都获得了坚实的声望。

无须没完没了强调他的才华或天赋,世界就已经记住他长达五个世纪了。

美第奇城邦

1465—1467 年间,城邦在迎接列奥纳多的同时,正失去另一位伟大的人。"痛风者"皮耶罗一世接替父亲科西莫·德·美第奇③的统治地位,三年后,科西莫的孙子,即"伟大的洛伦佐"继位。所谓"伟大",其实是拉丁语"慷慨"的错误翻译,"伟大"实指"非常富有"。

1470 年初,列奥纳多来到佛罗伦萨。这座城市居住着五万人口,外围筑有 11 千米的城墙,配备 80 座瞭望

---

① 原文中是 le blond vénitien,即威尼斯金发,是金发的一种颜色,又称草莓金发。

② 当列奥纳多六十多岁的时候,遇到了弗朗索瓦一世,他们都被对方的身高惊讶到了,因为他们早已习惯成为周遭一圈人中的巨人,历史学家们根据国王的盔甲推测其身高大约在一米九十四。我们可以想象那个年纪的列奥纳多会有些驼背,毕竟所有见到他的人都称之为"巨人"。这一定是真的,编年史学家们也是这么描述他父亲的。

③ 洛伦佐的祖父,死后被追封为"国父",是这个商业政治强国真正意义上的开创者。

塔:因为那时战争威胁无处不在。城墙内,有 108 所教堂、50 座广场、33 家银行、23 座城堡、84 个研讨会、83 家丝绸厂。还有一个细节:木质雕刻师比屠夫数量多。不愧为手工艺之城!所以画家也不过是手工艺者的一员,艺术家这一称谓尚在酝酿之中,而我们的列奥纳多将为此做出一定贡献。

托斯卡纳表面上仍保留民主共和制,实则权力由洛伦佐·德·美第奇一手掌控。这个从小被宠大的孩子,粗鲁不堪,肆意动用公共财产。令人深感矛盾的是,他虽然在奢侈艺术品上花费甚多,却鲜有求诸艺术家的情况,除了向教皇进献礼物的需要。并且,他丝毫不乐意寻求列奥纳多的作品,这是显而易见的。

然而,荣誉很快降临到列奥纳多这个年轻男子身上,随之而来的是嫉妒、诽谤、背叛……在匿名举报箱①的检举中,连同其他几位艺术家和手工艺者,列奥纳多被指出犯有鸡奸、强奸等多项羞耻的罪恶。难道这就是洛伦佐拒绝让列奥纳多代表佛罗伦萨的潜在原因?

如果说达·芬奇的同辈人从未怀疑过他的性取向,过了整整五个世纪,那些传记才向公众揭示他的同性恋倾向。长久以来,人们宁可认为他是在守节、禁欲或者说是性无能。人们无法把他和风花雪月之事挂钩,这很正常,因为他在和绘画,尤其是他的《蒙娜丽莎》纠葛缠绵,更别提他压根没有一个情人。然而,他激情如火的画作中,美人倒不少,不管正式与否,这些画作总归是公开张贴并保存的。几百年后的今天,我们对于他的性取向有

① 像鼓一样的圆箱子,通常被固定于教堂墙壁上,接收所有投递的匿名信。

了进一步认识,毫无疑问他喜欢男性,且有可能到了痴迷的程度。因此,可以说匿名举报箱对于他性取向的揭示,有一部分是真实的。

审判如期举行。整个佛罗伦萨都翘首期盼这桩轰动一时的案件。

那时的列奥纳多事业刚起步,完成了几笔著名订单,比如:吉内芙拉·德·本奇的肖像画,她是托斯卡纳大区最有声望的家族之一的继承人。这些开端预示着他前途无量的光明未来。而这次匿名举报却使一切落空:他必须在公众视野中消失两年。可以想象,为了避风头,他不得不离开佛罗伦萨,回到芬奇小镇。但公众并不会因此忘记曾经有个前途无量、绯闻缠身的俊小伙。在他归来的那一天,佛罗伦萨的青年们热烈欢迎。这时的列奥纳多已不再是韦罗基奥门下最优秀的弟子了。不过,他仍和师父共同创作了许多作品,如《基督受洗》中的一名天使就出自他手。另外,由画室通力合作产生的作品也不少。由于受到种种限制,列奥纳多决定自己单干,开了一家画室,并雇佣"匿名举报箱事件"时期的朋友们,他们是在韦罗基奥画室结识的。画室运作起来后,他们就开始寻找订单。再一次归功于他父亲多处修会公证员的身份,订单开始接踵而至。列奥纳多俯拾即是,恣意洒脱。对他的肯定在佛罗伦萨这个繁华小镇迅速蔓延。这间画室就像是综合性商店,汇聚了各式各样的手工艺术品,创作者与作品浑然一体,沉浸于创作的热情海洋,艺术与金钱两不误。生产与销售,培训与学习,师父与学徒,即是这间工作室最主要的组成部分,而它也是培养艺术家的温床。一般男孩在九至十四岁时进入画室,最少得待上

个六年。在那里学习修剪白银和探针的尖头,学习准备画板,学习煮沸并应用底子胶与底料,学习组合黏合剂与清漆,按照材料的不同性质研磨粉笔与颜料……至少要花上十几年。

作为一个生产与销售兼具的画室,这里能进行下订单、艺术品和手工艺品制作、销售一条龙服务。这可称得上是一个真正的作坊,生产各种形式的艺术品:钟、门、婚礼用的箱子、托盘、旗帜……我们也可以说作坊融合了不少技术。

托斯卡纳之狂热就是对一切的渴望,想获取、占有全世界,想创造财富。贪婪的托斯卡纳人想拥有一切用双手创造出来的东西。

大师韦罗基奥①

在同一领域中,安德烈亚·韦罗基奥的工作室无疑是最大的,他的综合技术是工作室的文化所在,自然而然地,他身边也都是些最优秀的人才。基尔兰达约、佩鲁吉诺、洛伦佐·迪·克雷迪,与列奥纳多一样,是文艺复兴

---

① 韦罗基奥的工作室位于圣·安布罗焦教区,城墙东部方向。韦罗基奥在那里出生、长大,即使死在了威尼斯,他的骨灰也被带回佛罗伦萨,埋于该教区。他的父亲是石灰锻造工,和列奥纳多的继父一样;他的兄弟是公务员。工作室位于吉贝利纳小径,靠近斯廷凯监狱不透明的墙。列奥纳多可以徒步从工作室走回巴杰罗广场对面的父亲的事务所。工作室是底楼面朝大街的大房间,房后和楼上都有邻居。韦罗基奥的杰作《大卫》青铜像高一米二十左右,头发、靴子、盔甲镀金,展现出一个瘦削、紧张的男孩形象。列奥纳多是十四岁的时候被带到大师韦罗基奥面前的吗?通俗的说法的确是这样的。既然我们并没有这位颇受赞誉美少年的照片,就姑且认为这就是他吧。

那个时期、那个世纪、那一代人中的佼佼者。此外,诸如波提切利工作室、乌切洛工作室、波拉伊奥罗兄弟工作室等各具特色,在当时也是非常优秀的,只是相对韦罗基奥工作室的综合性弱了些。不知是巧合还是奇迹,他们都生活于同一时代,同一地区。与其说他们之间充满激烈竞争,不如说这是家人兄弟间的相爱相杀。这些佼佼者们对外相互影响、相互批评,私底下却相互欣赏、相互借鉴。他们住在一起,非常团结友爱,同时也被认为是被遗弃者。为了获得"艺术家"这个称谓,他们离开了安逸的手工艺圈,由此而招致了一些羞辱,但他们却前所未有地团结起来了。这种博爱与团结,既有爱情,又有友情,并都是能经受得住各种考验的。桑德罗·波提切利和学生菲利皮诺·利皮,即菲利波·利皮的儿子,将在日后与列奥纳多共患难。

列奥纳多喜欢具象绘画和花卉题材,他早年热衷于此,这些都是从波提切利那里学来的。他比米开朗琪罗早很久就完善了蛇形画法(一种雕刻法),这注定要成为文艺复兴、古典时期和矫饰主义时期的标志。最初,他是看不惯波提切利对于透视法的处理的,然而之后他把这种方法应用在了自己的创作中。在他的笔记本中,只对一位在世艺术家有过赞赏性评论,那就是桑德罗·波提切利。而且,列奥纳多还批评他处理背景的方式过于草率随意,不过只有两个人时才这么做。普通人是不可能听到一名艺术家贬低另一位艺术家的。

列奥纳多很快就被绘画的神奇力量所深深吸引。这种力量可以模仿一些可怕、骇人的东西,因此,就可以制造假象,让观看者以为亲眼见到了怪物或者自然灾害。

那么,为何不去画一些超自然、纯编造的东西? 把不可能变成可能?

在他身上,表现出了对怪诞与恐怖的无法言喻的热忱,一切诡异事物都吸引着他,尤其是某些长着凹凸不平的脸的人。列奥纳多自由不羁,强大的好奇心让他去撩拨、喂养这些事物,以便于他随心所欲地进行创作。对于怪兽艺术①,不得不说他十分擅长。杂交的、虚构的动物填满了想象空间。不过这还远远不够,他对神话动物和妖魔鬼怪的求知欲漫溢了,永无止境。

自童年起,他便对动物有着无法克制的偏爱。对于所有动物,他一如既往、不可否认地亲近。和它们在一起,想要绘画自然的冲动尽显,一直以来,他就未曾想过让大自然退出视野范围。可见,童年从未随着时间流逝而结束,相反,它只是改变了背景,而这小小的动物始终流连于列奥纳多的成人生活,并贯穿他的作品。

多样的能力

学生们即使像老师韦罗基奥一样是全能天才,也必须

---

① 有一天,芬奇小镇的一位农民请求公证员为其画一个圆形盾牌。瑟·皮埃罗将此事托付给了儿子。列奥纳多因此活力四射,他就需要这种东西。马上,他便沉浸于游戏,将自己关在父亲房子的顶楼,在那里收集了不少动物,如蜥蜴、蟾蜍以及各种死亡或腐烂的动物。接着他将不同的脑袋、翅膀、爪子拼接在一起,形成了特别吓人的混合怪物。作品一完成,他就邀请父亲来观摩,还把房间布置成剧场,将房间唯一的光打在"作品"上,其他地方都调得很昏暗,匆匆打开门,犹如拉开帘幕。父亲心头一紧,赶紧拿这东西去卖了个好价钱,至少得值回他受的惊吓,至于那个农民要的盾牌,他随便买了个成品交货了,反正也不贵。几乎所有列奥纳多的传记撰写者都会提及这个故事。

学习各学科知识,并不断吸收现存技术以丰富自我。除此之外,创作也必须从临摹前人大师开始。人们最近刚考古挖掘出第一批文物,各式各样的罗马雕塑令人眼花缭乱。

工作室的学徒生活将持续六年。期间禁止在掌握其他技术之前接触彩色绘画,从构图到金饰锻造,从画板制作到底子制作,从颜料研磨到书写工作,再到所有雕刻家要用到的工具,样样都得学。韦罗基奥工作方式的创新性在于监管学生,使他们在完成各自订单的同时培养集体竞争意识。在他的工作室,绘画、雕刻、焊接、附属装置等一切工作都需多人共同完成。集体完成的工作是不署名的。这种方式产生的影响并不是单向的。同一幅作品,由多个人完成,会形成独一无二的风格特色,但一眼能辨认出大师手笔。这就是韦罗基奥大师。

尽管列奥纳多是公认的最具天赋的学生,但线条的美感、准确性、研究方式和色彩处理一样,首先是长年累月学习的成果。他的潜力和能力是无限的,但仍需要经历数年的耐心练习和细心学艺。十八岁的列奥纳多充满了对生活的热爱,有着源源不断的能量,强烈的欲望向不同层面、不同领域散开,因此韦罗基奥老师对他更为严格。他该学着自我控制了,改变放荡不羁的性格,约束出格的言行。

从小在大自然中养成的敏锐观察力并没有消失。同时他必须矫正他用左手的习惯,开始学着用右手掌握绘画规则,否则他的作品都只能在镜子里欣赏了。几年的强化练习之后,他在余生基本都是左手构图,右手绘画。

在学徒期间，临摹起到了很大作用，废墟①显现出如此具有新意的美，以至于人们不断地想要去再现它的原样。而列奥纳多尤其专注于褶裥、褶皱、明暗处理、物体的重叠等技巧，这也正是他所擅长的。他自称是菲迪亚斯之笔。韦罗基奥工作室还有另一个特点，反映那个时代的作品普遍具有的特色，即对于动作流畅度和装饰性细节的高度要求。例如，那个时代偏爱刻画青年战士脸上那一抹狡黠的笑。永远都不要忘记：复兴，这个词或这件事，都表达出了对过去的狂热再现。在那之前，我们几乎忘却了深埋于意大利土地②下的昔日荣耀与辉煌。

韦罗基奥传授的一项技艺是：制造黏土模型，即将湿布放到模型上面，涂上黏土，然后应用于之后的画板上。列奥纳多的技艺很快就超过了他的师父。可是他却说："可怜的学生永远都比不过师父啊！"[1] 列奥纳多在雕塑技艺方面也表现出色，但并没留下很多作品。问题不在于计划或构图，而是实现与落实。也许是因为经受不住几个世纪的考验吧。在他二十几岁的时候，他非凡的雕塑

---

① 在欧洲，废墟文化在15世纪前后的文艺复兴时期获得一个契机：经历了上千年禁欲主义压抑的欧洲人，从新发掘的古希腊罗马时期建筑、雕塑、壁画、马赛克图案等艺术品的废墟中感受到了人性美的光辉和人体美的魅力，从而对废墟产生欣赏和爱惜之情。

② 安德烈·沙斯特尔在《意大利文艺复兴》（伽利玛出版社，《季刊》丛书，1999年）一书中对"文艺复兴"给出了如下的解释：这个词首次被接受时（是列奥纳多之后的那个世纪），人们开始认真考虑古代希腊罗马的文学与艺术。很快，几乎是与此同时，观点的改变影响了人们看世界的角度。以前上帝还是一切动机的来源，如今人类被置于世界中心。这是整个西方文明的进步。多亏了十字军东征，欧洲人看到了阿拉伯人和中国人的文明出彩之处。他们觉得是时候一统世界了，结束原先充满矛盾的领域。1600年，西方世界的霸权之路正在进行时。

技艺已常常受到佛罗伦萨民众的称道。比如那些小圣母像,虽然还无法算作他的功劳,却的的确确是第一次经他手的作品。民众对他的痴迷与赞美使他可以随心所欲。韦罗基奥又将其平生所学一一传授于他,其中包括了还在试验阶段的技艺[①]。他敢于尝试混合油料、底料、漆料,这种方式在未来将使荷兰画家名声大噪,但由于他还不够熟练,或是剂量不对,或是"调和"失误,结果反倒毁了几幅作品。不过,他始终坚持试验不同的"调剂品",如漆料、底料、植物蜡、木器蜡之间的调和,由此获得无人可比的对混合调料[②]的熟练度与敏锐性。他这一生始终保留着对于亲自处理画板的乐趣与意愿。他曾写过:一个天才,面对使他疑惑的事情时,会懂得观察,并总会灵光闪现,创作新东西……[2] 显而易见的,一幅好画,必然能引起会心一笑或泪流满面,或喜悦或恐惧,或热情澎湃或愁容

---

① 列奥纳多在工作室的时候,有一个订单是制作并安置佛罗伦萨穹顶的巨大的铜制圆形灯笼。他不仅参与制作,还为使灯笼能搬上穹顶顶部制造必要的工具。事实上,在那个时代,列奥纳多对于工具的运用和解决各类技术问题的方法掌握到位。

② 他试验各种材料来制作用于油画石膏制剂底子的熟石膏混合料和底料:画板木材必须是柏树、梨树、花楸树或核桃树,然后涂抹油灰和松节油,两次蒸馏,再涂抹白色粉料或者石灰更好。接着涂上一层二价或三价砷酒精溶液或具有腐蚀性的挥发性酒溶液;再用煮过的亚麻仁油涂抹,使其渗透到各处,并在冷却前用布将面板擦好,使其看起来干爽;然后涂抹液态清漆和白铅,并在干燥时用尿液冲洗。准备工作做好了,可以进行面板的下一步,即把前期图纸转移到白色的表面上,通常它是一个"纸板"(来自意大利语——纸箱,即大张的白纸),大小尺寸为实际组合物的尺寸。图画的轮廓用小孔刺穿,许多图纸都有这种类型的穿孔方式。然后将纸板平放在画板上,并加盖一个装有煤或浮石微粒的小袋子,方便在表面留下点状痕迹。这种纸板在意大利语中被称为 poncif,即法语中的 ponce(浮石),工序在意大利语中被称为 spolveratura(除尘)。然后画家可以沿着轮廓上色。"油画"正在萌芽兴起中。

满面。亚瑟·克拉文(Arthur Cravan)①以一句话来定义:绘画,就是吃喝拉撒睡……各种欲望的表达。你说我庸俗也没用,因为事实就是如此。

有时,怪兽的临摹图逼真万分,人们都忘了这不过是一幅画。真是可怕的幻象!列奥纳多明白他通过绘画能引起的效果有多大,但同时他也感受到一种约束,因为他没法完全摆脱主动让出订单的韦罗基奥老师。除此之外,列奥纳多还意识到和他关系不好的父亲在他事业起步阶段功不可没,主要就是由于父亲公证员身份而带来的赞助商和订购者。

《吉内芙拉·德·本奇》和小圣母像

有一些作品在列奥纳多被流放之前非常著名,并人人可观看购买。也许是因为这些作品是由韦罗基奥大师所出售的吧。不过是三幅小小的代表作:《吉内芙拉·德·本奇》《吉内芙拉》《持康乃馨的圣母》《拈花圣母》。这是第一批可以确认出自他手的作品。

列奥纳多与佛罗伦萨最著名的家族之一——本奇家族建立了良好的友谊。他们之间是宛如终生挚友那样的关系。当他为年轻的继承者——吉内芙拉作画时,她正要和一个她不爱的男人结婚,因此列奥纳多无法减轻这幅作品透露出来的悲伤气息。至于吉内芙拉的父亲,他十分关照列奥纳多,当他要离开佛罗伦萨去米兰时,这位父

---

① 亚瑟,诗人拳击手,自称是奥斯卡·王尔德的侄子。他是《此刻》杂志的独特而天才的编辑。该杂志于20世纪创立,专门评论著名画作沙龙艺术,后面的引用便摘自此。

亲保存了这位亲爱的朋友搬家后留下的地球仪、图书、画作……[3] 本奇父亲了解列奥纳多的脾性,知道他那无穷无尽的好奇心,因此还在 1503 年借给他大量关于马的医学著作,并且在 1510 年,他还下了订单请列奥纳多创作《施洗者圣约翰》。没错,这就是他们之间忠诚而深厚的友谊。

《吉内芙拉》是他第一幅著名肖像画,最悲伤也最奇特。这幅画作沉浸于特殊的光影中,很不佛罗伦萨。这些刺柏的树叶扮演了什么角色呢?难道仅仅是暗喻画中主角的名字?小灌木也起到了隔开外部世界与内心世界的屏障作用,即拉开模特与欣赏者的距离。列奥纳多的意图在于体现意式的随意:这种方式是意大利人发明的用来定义一种不经意的博学或一种掩盖技巧的艺术。其实,众所皆知,列奥纳多不喜卖弄学问,不会刻意在画作中展现自己的技巧熟练程度,而他的同辈人则恰恰相反。

列奥纳多想要看到的是模特本身的脾性气质,而不是一时的情绪冲动。构想一个动作,来表现内心深处的执念,即抓住一个动作来展现模特的内心想法。《吉内芙拉·德·本奇》是他在此方向上获得的第一次成功,也是在悲伤模式上开创的一件独特作品,因为稀有而独特。尽管如此,丹尼尔·阿拉斯仍试着从下订单者的角度来解释列奥纳多画中的悲伤:贝尔纳多·本博是吉内芙拉的情人,和她也可能是柏拉图式的纯精神恋爱关系。但她不得不离开本博而嫁给另一个人。列奥纳多想要取悦下订单者,所以就着重突出了画中美人忧愁的噘嘴,以此安慰他失去爱人的伤痛。显然这种在画中流露悲伤忧郁气氛的手法非常新颖。是来自波提切利的竞争还是受到了他的影响呢?但那时两人间的竞争关系还未建立呢。

《拈花圣母》也叫做《持石榴的圣母》，尺寸非常小（15.7厘米×12.8厘米）。身体比例不协调的婴儿耶稣显得很笨拙，而背后的风景，呈现出弗拉芒画派或威尼斯画派风格，这种画风和多年后的列奥纳多的作品相距甚远，所以人们都把它当作是洛伦佐·迪·克雷迪作的某幅画。与众多宗教画相比，这幅作品具有鲜明的佛罗伦萨画派多变风格。列奥纳多能勾勒出如此温柔的母子关系，要归功于他父亲对他产生的影响。之后的两幅圣母画像《持康乃馨的圣母》和《柏诺瓦的圣母》也验证了这种关系。这些画像似乎是成对出现的。也许事实就是如此，所以应该还缺了一幅圣母像。

《柏诺瓦的圣母》就像《吉内芙拉·德·本奇》一样，是颇具列奥纳多个人特色的作品。画中的婴儿的动作比之前都要更突出，是列奥纳多人物感最强的一幅作品。通过光线突出了人物。圣母一改传统，被描绘出光滑的额头，人物构图几乎已经是《圣安妮》的样子了。这幅作品的新颖突出之处在于人物形象的动态化。这样使得两者的动作似乎交织在一起：幸福的母亲面对着孩子，压抑着严肃的心情。艺术家通过描绘一些生动自然的肢体动作将人物的灵魂状态带入画中。

三幅圣母像画的都是母子，并且人物身处的室内，都有向大自然延伸开去的迹象。作品的背景图说明了一切。

举报事件

在佛罗伦萨这座谎言之城，夜班工作人员每天清晨

都要视察举报箱,一列纪律大队专门监管居民的道德规范。一些匿名举报悄悄地被放置于举报箱,第二天被宣读,一旦举报有一定真实性,调查就会马上展开。接下来我们来回顾下 1476 年牵涉列奥纳多的那件著名的匿名举报案。这桩案子因为被描绘得细节俱在而对当事人造成了更大的伤害。

尊敬的官员们,我将向你们揭露,雅各布·萨尔塔雷利和他兄弟乔瓦尼·萨尔塔雷利,住在瓦凯雷奇亚街的金银匠的店铺里,即在布科的对面。雅各布身着黑衣,年仅十七岁。这位雅各布先生正在从事一些不道德的工作,并且他会满足一些人的见不得人的要求。通过这种方式,他已经为很多人提供服务了。而我可以把其中一些人的详细信息直接公布给你们。我百分百保证这些人与雅各布都有过不正当关系了。

接着告密者公布了四个所谓的"雅各布的同伙或顾客":

巴尔托洛梅奥·迪·帕斯奎诺,金匠,住在瓦凯雷奇亚街;列奥纳多·迪·瑟·皮耶罗·达·芬奇,和安德烈亚·德尔·韦罗基奥住在一起;巴奇诺,男士紧身上衣裁缝,住在奥尔桑米凯莱教堂附近,那条街上有两家大型剪羊毛店铺,街的另一头是切尔基家的凉廊。巴奇诺新开了家裁缝店;列奥纳多·托尔纳博尼,别名"泰里",身着黑衣……

这份文件在 1896 年第一次被公开,在那之前列奥纳多是公认的持贞守节之人。

这些举报箱的设立旨在收集各种流言蜚语,因此无耻行径、荒唐的话、因恨生妒而导致的举报现象涌现。鸡奸的指控是最常见的,因为无须证据,光是猜测就足够诋毁当事人了。丑闻很快传开了。涉事人不仅限于工作室之内。难以想象,洛伦佐·德·美第奇家族的一位亲戚也涉嫌其中。道德秩序维护者立马采取行动,把"集体鸡奸"嫌疑人都捉拿归案。他们将于 1476 年 4 月 8 日集体受审。由于涉及美第奇家族的亲戚,法官们不得不判被告们无罪开释,但前提是不能再一次被举报。

然而事与愿违,6 月 7 日,更为直白清晰的控告又出现在了举报箱:"雅各布被多人鸡奸,尤其是以下提到的人物:……列奥纳多,众所周知,一直住在韦罗基奥工作室的……"

不过对新的指控法官们还是免予起诉了。免诉无法证明这些嫌疑犯的清白,不过至少列奥纳多逃脱了审判,他向人们保证不会再有类似情况发生。果然,没人再举报他了。

那些年佛罗伦萨的同性恋者到底面临着哪些危险呢?在死刑和无罪之间,还有很多惩罚呢。从 1430 年到 1505 年间,超过一万名男性曾受到鸡奸的指控,频率为每年 130 名。其中五分之一被判有罪,一些被处决了,另一些则被流放,遭受着饥饿难熬、重金罚款、公众羞辱等不公对待。这些裁决取决于法官是谁和被告是谁。危及列奥纳多的控告确实引起了不少轰动,不过在那个时代也没什么可大惊小怪的。不过艺术家们的道德风尚问题倒引来不少议论,怨恨和嫉妒,甚至直接举报。人们好奇的是为何罪行和惩罚并不成正比。

流　放

那么这件事对一个初获成就的年轻画家而言,产生了哪些心理影响呢?害怕被卷入丑闻,担心连累父亲,害怕失去自由,担心被迫离开佛罗伦萨而中断自己的艺术生涯?也许他被治安人员狠揍了一顿,又或许他只是在监狱过了一夜?一旦被释放,他便开始致力于发明"能从坚牢内部开门"[4]的工具。

萨尔塔雷利事件以最残酷的方式在法院的众目睽睽下揭露了列奥纳多的性取向。

无论是对于列奥纳多还是他父亲,丑闻带来的苦痛是不可逆转的。私生子这个称号无可挽救地玷污了芬奇家族的名号。直截了当的后果,就是父亲开始对儿子避而不见。这个他完全可以做到,而列奥纳多毫无办法,他无法反对父亲的决定,因为他既没有资金来源,也没满法定年龄(法定年龄二十五岁,他才二十四岁)。当我们沉浸在辉煌的美梦中时,随之而至的惩罚是严厉的。于是我们不敢再重蹈覆辙。列奥纳多的一生都尽可能地隐藏着可能导致上层社会评判的事情,因为他依赖那个社会来生存、工作和满足衣食住行的需要。他隐藏自己真实的道德品性,回避自己的爱情,并深埋内心的悲伤。他隐藏了一辈子。只有这样才能做到不为人所害,不被人背叛。当他想要释放真我,真要去这么做的话,就要面临已知的控告,可以预计的风险。

重整旗鼓

列奥纳多用两年的沉寂,渐渐淡出公众视线,并学着去遗忘所受的屈辱。那么 1476 年至 1478 年这两年他在芬奇小镇做什么呢?他沉醉于所热爱的大自然,发了狂地创作,就在这段时间列奥纳多有了首批纯真状态的自然风景画。他开始重拾力量。回到佛罗伦萨,一切都要重头来过。不过他总算是自己单干了,借着父亲的帮助,在 1478 年经营起自己的第一家作坊。对他而言,还是从零开始比较好,毕竟丑闻的阴影仍笼罩在先前的作坊——韦罗基奥工作室,再回去基本不可能了。新作坊还招募了他的一些朋友。尽管他父亲还是对他满怀敌意,但借着父亲的名头,列奥纳多还是接收到了不少订单。其中有一幅是在斯科佩托的圣多纳托教堂祭坛的装饰屏,账款按 24 个月分期付清。这是一项非常重要的大工程,但并不影响列奥纳多着手其他作品,如《圣母子和猫》《柏诺瓦的圣母》和第二幅《圣母领报》,后者或许就是陈列在卢浮宫的那幅作品。

为教堂作画免不了受到很多限制,这就是一部分艺术家不愿为之工作,而倾向于接私人工作的原因。现如今的我们早已忘却了,那时的宗教艺术有三个功能。首先,这些虔诚的宗教画具有理解信仰的奠基作用,所以它必须使教会信徒们看懂其中传递出来的知识,以便建立正确的信仰;其次,能起到怀念圣人、铭记历史的作用;最后,这些画应该在观赏的信徒间引起一种共鸣,即对于圣贤的认同感。这条通往虔诚的路,应做到令人落泪才算完美。

《圣母领报》

通常而言,在外面画《圣母领报》并不是什么新鲜事,但把它画在建筑背景上,则赋予其一定意义。列奥纳多将作品的主体放置于水平线上,使背景弥漫着未知的气氛。大小不同的石头呈现出墙的不同角度,聪明的列奥纳多利用这些石头构造几何透视效果。倏忽间,视线被打断,消失在柏树一枝。这种近实远虚的透视方法在《玛丽,灵魂避风港》类似的圣母画中实属少见,平添了不少海上迷雾的感觉,可谓是超越时代的列奥纳多风格。至于他的第一幅出现动物形象的作品《圣母子和猫》,淋漓尽致地表现出画师对动物的喜爱之情,这种喜爱贯穿其一生,从未停止。

从此,人们可以从衣服的褶裥、熟悉的内部装饰、背景抑或是天青色雾气营造的透视效果来判断列奥纳多的风格;那是消失在一片无边无际蔚蓝中的托斯卡纳。韦罗基奥亲自来咨询他,请他制作一面代表爱神维纳斯的旗帜,这是为朱利亚诺·德·美第奇的马上比武所准备的。韦罗基奥认为列奥纳多的这面旗帜做得非常出色。作品大概是由整个作坊共同创作的,而经列奥纳多巧手润色之后才算完工。最初是他父亲帮他安定下来,但之后他就不再过问儿子的事了。或许是因为列奥纳多没完成那个大订单(画作始终未完成),也可能是因为他的第一个合法儿子的诞生允许他彻底忽略了这个私生子。公证员这份职业使他对民众的风言风语十分敏感,所以他选择不再信任这个讨人厌的私生子,不在他身上花费一

丝器重、一点温存或一点兴趣。

列奥纳多父亲的第三个妻子终于为家族诞下子嗣，特别是第四个妻子，更是生了半打孩子。所以渐渐地，父亲连家里的门槛都不让列奥纳多踏入了。是害怕对他合法的子嗣带来不利影响吗？列奥纳多之后离开了佛罗伦萨，并没有再见到他父亲，正如他评价他父亲的话："他知道事物的价钱，却不懂其价值。"[5]

帕齐家族的阴谋

表面上稳定而实则由名流美第奇家族暗暗操控的共和国开始出现了裂隙：复活节当天，人们正在大教堂做弥撒，权贵云集，帕齐家族就在此时此刻宣泄他所有过往的怨恨。"伟大的洛伦佐"的俊俏弟弟——朱利亚诺·德·美第奇，身中13刀身亡。洛伦佐带伤侥幸逃脱，但内心却被仇恨和埋怨所充斥。接下来的几个月便是他的复仇。杀人、绞刑、勒死……到处都在打架，无休无止。

复仇期间，波提切利从官方订单中获益匪浅，他为所有受绞刑者画全身像。他画的像被悬挂于行刑的广场——市政议会的窗上。而脆弱的艺术家，才刚发明画上的忧郁悲伤，便要熬过这骇人的时期，列奥纳多表现出了令人难以置信的漠然，从此这种漠然就成了他的特点之一。深处政治的疯狂暴力漩涡中，同时，他又对这个年长几岁的大哥嫉妒万分，嫉妒他获得的毫无疑问本应属于他的成功。矛盾的是，这份嫉妒反倒加深了相互之间的友谊与尊重，使他们更团结。即使情感再深厚，事实还是列奥纳多永远拿不到大订单。按理说波提切利该给个

35

解释,然而他并没有这么做。

列奥纳多不满足于无所事事,即只为自己创作。相反,他利用这段相对空闲的时间,提升技艺,追随新的艺术直觉,投身于哲学的探索。尽管如此,他还是与御用画家们渐行渐远,在当下鲜有机会崭露头角……

小圣母像

不光是《哺乳圣母》,《圣母子和猫》也表现出与众不同的意境:他描绘出了猫与上帝的一种不可思议的亲昵,如同与圣母那般。这真的是非常令人震惊啊!这猫并不局限于写实,也不是因为婴儿耶稣想要逃脱母亲的臂膀去捉猫而随手增添的;画中一切都是动态的。列奥纳多甚至担心这些作品会因为过于纯粹自然、通俗亲切而不受欢迎,结果他获得了出乎意料的成功。订单接踵而至。可是,战争的威胁再次降临……一时间,政治动乱分散了人们的注意力。

科勒城落入了反佛罗伦萨联盟的手中,美第奇家族警觉了起来。趁此机会,列奥纳多着手谋划来实现他最大的雄心壮志:首先被天才军事家所雇佣;从此之后,占据首要位置的是炮兵,军事策略需要被改进,必须找到新战略来打这场仗。野心家列奥纳多想要发明一种无敌之武器来战胜所有人。他梦想发明无坚不摧的铠甲、火力十足的坦克、如迷宫般的地下隧道、射石炮、潜水艇……他的草图令人满意,言辞拉拢人心,然后……就没有然后了。没人向他下订单,他自我排遣,连哄带骗地吸引顾客,换来的只有一点点信任,还不足以将设计变成现实。

于是,既然古代废墟的研究风靡一时,列奥纳多便全身心投入到雕塑事业中。他积极地在圣马可花园练习技艺,他不满足于临摹,而是寻求进一步的提升。圣马可花园,其实是一个"露天的博物馆",专门陈列美第奇家族收集的各种雕塑作品。列奥纳多在那里研究喷泉、复杂精细的水利系统、植物物种……基本上什么都探索,因为他对任何事物都充满热情。

列奥纳多和他父亲一样,都有自己的马匹。他总是喜欢满怀激情地上马奔腾。他需要得到新鲜空气,需要速度和力量。他对所有动物都充满热爱:猫,每间作坊都至少有一只来追赶老鼠;狗,或为了安静且使人愉悦,或为了效仿和跟随潮流……他也会特地去共和国的动物园看两只懒洋洋躺着的狮子,一公一母,这是该城市的象征。他尽可能地靠近它们来作画,也正因此他才能把圣哲罗姆脚下的卧狮画得活灵活现。

不久,他意外获得参与圣玛丽亚诺瓦医院的解剖实验的机会,于是干劲十足地去了。他想要把看不见的变成看得见的,就选择了亲自做实验,那是他人生中第一次的解剖体验,之后他便养成了定期解剖的习惯。渐渐地,他解剖得一次比一次彻底和深入,成就了一种非凡的解剖能力,这也就是列奥纳多自己曾听说的——所谓亲眼所见。当然,他并非做这类事的第一人,马萨乔、波拉伊奥罗都在他之前。不过,15世纪的艺术家们几乎都对解剖学饶有兴趣。环绕中世纪的上帝光辉被颠覆,教外人士形成了以人为本的氛围。啊!解剖生命的秘密!试着去理解他强大的热情所在吧!他那对万事万物的千奇百怪的热情,那毫不遮掩的好奇心。他质疑一切,尝试一

切。那么,为什么他都快到三十岁了,佛罗伦萨都不给他
与巨匠比肩的机会呢?

《圣哲罗姆》

订单终于来了:一幅《圣哲罗姆》。他决定先处理画
中的狮子,再刻画出隐士的恐惧。遗憾的是只有草图幸
存下来,被梵蒂冈博物馆保管。这是少有的为芬奇小镇
而作的画之一,从未受到过质疑。草图画得很逼真,令人
害怕,而这种震撼在那个时代可就更明显了。

在一处荒僻的墓地,圣人单膝跪地,眼神游离,仿佛
敲打着和他一样静止不动的石头胸膛。一只野狮是唯一
的同伴。在历史上,"晕涂法"一般运用在以禁欲主义为
主题的作品中。这种擦晕轮廓的手法后来渐渐被列奥纳
多改进使用,毫无疑问是使用了手指尖,因此想要复制他
草图的可能性基本为零。通过这种手法,画家寻求对光
影之间的界限的雾化效果。

"画家们,别用线条勾勒身体,尤其是那些比大自然
小的事物。线条勾勒不仅不能展现它们的边边框框,而
且远看,事物的部分会消失不见。"他在研究"晕涂法"时
这样解释道。另外他还说:"为了使得一件事物和它周围
的事物紧密相连,就必须带点相近的色彩……"7因此,他
竭尽全力想要把主体形象融入空间中,通过薄薄的油彩
来缓和轮廓,以制造一层朦胧感——这就是"晕涂法"。

当佛罗伦萨的人们发现,列奥纳多之所以能如此精
确刻画肌肉组织和骨骼,是因为他非常深入地研究了解
剖,这引起了不少人的震惊。这难道是他深入研究的证

据？有多深入？解剖的甚至是尸体。那时候的解剖并不被看好。除了臭气熏天，还要躲躲藏藏，更要在夜晚面对惨白的尸体数个小时。然而，当列奥纳多打定主意展开研究，没什么能阻挡住他，不管是偷偷摸摸的行径还是臭气扑鼻的尸味。

面对《圣哲罗姆》这幅作品的震惊不言而喻，即使是草图也够震撼的了。可惜这幅画并没有完成，而是永久地成了草图。

为了使自己忙碌，又或是在等情况转好，他为自己创作着圣母像、风景画、圣母领报等主题。他练习着，磨炼着。他一边完成着作品，一边终于迎来了成功，那便是他魂牵梦萦的订单的到来。

《博士来拜》

1481年7月，斯科佩托的圣多纳托教堂，他父亲是这里的公证员，并推荐他画一个巨幅（尺寸为246厘米×243厘米）作品，用于装饰主祭坛后屏，这个主题是他所期望的：博士来拜。毋庸置疑，这是一幅经典大作，托斯卡纳大区的所有艺术家都曾为此思考过。而下单人给了他30个月完成作品。

他开工了。计划之宏伟，创新之程度，不亚于改头换面。他颠覆了传统配景，使画作的远景挤满了形形色色的人，细节具体并到位。而近景则用了"晕涂法"刻画了母亲和孩子。没有父亲，没有驴，没有牛……同时也没用光晕，惯用的矫饰和规则毫无涉及。正如他所预料的，作品引起不小的轰动。作品的现代性使资助者隐约不安，

却获得同行的一片赞叹,以至于使列奥纳多跻身大师
行列。

而修道士们却不认同列奥纳多的做法,因为这不是
他们所想要的。列奥纳多花光了大部分预付款,很开心
地又向他们要钱用来将纸上的画临摹到壁板上去。修道
士们再一次付款,但这一次是实物支付。无论如何,列奥
纳多总算在工作期间解决了温饱问题:木材、小麦、酒
……然而,他竟在开工之前将这些消耗殆尽。修道士们
忍无可忍,而他却毫不在意,再一次拒绝完工。其实早在
他们对他的画作露出鄙夷之色之时,他便决定弃画了。

《博士来拜》未完工,因此也就没留在修道院。列奥
纳多将它交付于他的朋友——本奇家族。列奥纳多自己
知道这幅画见证了多大程度上的创新,就连纸板都有革
新,所以他是铁了心要好好保管这件作品的。既然那些
修道士拒绝了他的这幅画,那么它就是属于他自己的了。

总之,他坚信,就算他如期完成了作品,也不会被修
道士们接纳:因为它不按照传统结构来完成这个对佛罗
伦萨人而言非常珍贵的主题,即对应随十字军战士而来
的东方三王的中世纪传奇。

修道士等了将近十五年才等到可与列奥纳多媲美的
艺术家——菲利皮诺·利皮——波提切利最优秀的
学生。

自从第一批订单被弃置之后,列奥纳多仿佛养成了
"未完工"的习惯。谁也说不清到底是为什么。一旦他自
己开始单干,他就再也无法完成作品,无法按时交付或者
滞后交付订单作品。自此之后,他一事无成。而《圣哲罗
姆》,这幅画恰如其分地反映出了他的这种习惯,一旦有

了想把它坚持下来的念头，并有了如何把握住这幅画作的思绪，他就弃之于工作室一角，无心、无力、也没这份意志去把它完成。其实对他来说，一直存在的最大焦虑是他尽情反复的词句：时间飞逝，恍若虚度。[8]

究竟列奥纳多为何放弃了他最美的画——《博士来拜》？答案未知，有待进一步探索。尽管弃画的这个举动刚好和洛伦佐的决定相吻合，当时他派遣佛罗伦萨最好的一批艺术家前往罗马，作为和解，帮助西斯都四世装饰新教堂。出于嫉妒、鄙夷或是深深的悲伤导致他弃画。洛伦佐宣称是在波提切利的指导下完成"最佳"人选。这一批托斯卡纳文化的最佳代言人，竟然不包含列奥纳多?! 于是他打算逃离、消失，抛弃卡斯托纳大区。很明显，已没什么值得留恋的了。洛伦佐主导了国家，尽力掩盖自己的谎言，这是列奥纳多遇到过的"最丑恶的人"。实际上，真正的艺术资助者并非历史所记载的"伟大的洛伦佐"，而是他的侄孙。这个洛伦佐·德·美第奇和历史上那个同名，却默默无名，而他才是名副其实的资助者，几乎订购过所有文艺复兴时期艺术家的作品。史上记载的"伟大的洛伦佐"仅满足于收集宝石，将国家财产花费在各种节庆晚会上。他没有资助过任何一个画家或者雕塑家。人们把他侄孙出色的艺术直觉冠名到他头上，不过是觉得名字一样，历史只需要记得资助者的事迹便足够了。

是重新出发还是逃避？

卢多维科·斯福尔扎自称米兰公爵，在他统治下的

伦巴第宫廷正逐渐成为欧洲第三大宫廷。列奥纳多所要去的地方正是米兰。

于是,列奥纳多做了另一件其人生最不恰当的事情,尽管不合时宜,却并没让他错失机会。他给米兰公爵写了一封长达十页的信,类似于现代的自荐信,里面细数了他作为建筑师、军事工程师、工艺学家的丰功伟绩,令人难以置信的高度自我推销。此外,他还向米兰公爵保证,只要有他在身边,就绝不会打一场败仗。

他该代表佛罗伦萨刚发明的新型生活艺术去米兰呢,还是在一次又一次的失败后从此逃避现实呢?这一争论在列奥纳多各种传记中并没有得到解决,但他那封奇怪的自荐信倾向于逃避。他都三十岁了,早就听厌了"大有前途的天才"这样的说法。他誊写但丁的诗以表态度:一个人坐在绒毯之上,困在绸被之下,绝对不会成名的;无声无息度一生,好比空中烟,水面泡,他在地球上的痕迹顷刻就消灭了……[9]

有人声称,是历史上的那个洛伦佐,因为列奥纳多拒绝出现在罗马教皇面前,而故意私下寄出那封信,意图在米兰公爵面前夸大其词、抹黑列奥纳多。我们现在很难相信,列奥纳多会把自己吹捧得天花乱坠,尤其是他"自荐信"里说的那样,无论是何种一官半职,只要是在公爵身边……

列奥纳多凭借贝尔纳多·鲁切拉伊这位佛罗伦萨大使出发去米兰之际,带着兵器和行李箱子、动物和作品、两个追随者和一些好朋友,这些最好的旅行节庆搭档一同前往。

第一位追随者叫做托马索·迪·乔瓦尼·马西尼,

又被称作琐罗亚斯德,是滑稽版列奥纳多。他滑稽但不傻,自己还创造出了一种秘而不宣的王室血统……骨子里有拜占庭情结,由此得来笔名——琐罗亚斯德。他身兼工程师、宫廷弄臣、炼金术士、天才铁匠、冒牌占星家多重身份,各种江湖骗术融会贯通,尤其还会变法术,比任何人都更懂得如何提炼金属。

列奥纳多的第二位追随者,是俊俏的"阿塔兰忒"①,他是音乐家、歌手、舞者,会多种乐器,他是奢华的阿塔兰忒,马内特·米利奥雷蒂。他俩的友谊和合作关系持续跨越了三十多年。列奥纳多和这两个人是儿时的朋友,他们都曾经是韦罗基奥的学生。

幸亏这两位同伴都瞥见过列奥纳多献给米兰公爵卢多维科·斯福尔扎的信。他只字不提自己的主要职业是画家,然而这是他唯一接受过正经培训、并两次获得首肯的事业。因此,同伴们在吹嘘列奥纳多的同时,不敢在他"为了和平时代的天赋"中加上绘画和雕塑两项才能。

在去往米兰的路上,他可曾想过会离开佛罗伦萨很久很久?

满腔抱负、活力充沛的列奥纳多,丝毫不怀疑自己能在米兰取得成就,也没想过要避免随之而来的嫉妒和报复,虽然他才经历过。

他急得直跺脚,迫不及待奔向米兰,希望在那里能收获荣誉、财富和真正想要的生活。

---

① 原指古希腊神话中一位善于疾走的女猎手。

第二部分（1482—1499）

米 兰

出发去米兰可能是列奥纳多一生中最具有决定性的事件之一。

从佛罗伦萨到米兰，三百千米的路程，骑马得花上一周。1482 年 2 月底，列奥纳多终于从罗马门①踏入米兰的地界。时值狂欢节，那么他会由此得出米兰是个不眠不休狂欢之城的结论吗？对于一个佛罗伦萨人来说，这个北方城市多少有些疏离感。风土人情、生活方式、气候地貌，甚至是语言，都不一样了。

伦巴第地区的气候诡异，冬天非常湿润，雾气蒙蒙，并笼罩着北方特有的苍白光芒。不过，这般风景却将慢慢占据列奥纳多的画板。斯福尔扎家族统治着这座城的八万居民。最近刚加入卢多维科·斯福尔扎管辖的就是

---

① 罗马门属于佛罗伦萨古老的城墙，可以追溯到 14 世纪，它是规模最大，保存最完好的城市大门。

44

列奥纳多。自从《洛迪合约》①签订以来,米兰这座城市正慢慢崛起,按今日的说法来看,就是扬帆顺风前进。凭借其地理战略优势,走在世界前沿:在阿尔卑斯山脚下,是欧洲交通的十字路口,只要经过它这,就会繁荣昌盛。整座城市相信未来,因为它就代表着未来。

篡权者执掌大权,他因肤色、眼睛、深色头发和一腔热血又被称作摩尔人。他喜欢连续不断地征战。他祖父曾经是一位伐木工,后来成了雇佣军队长,战绩显赫,并娶了维斯孔蒂家族的继承人为妻,顺理成章成为伦巴第的男主人。通常情况下,理应是长者,即他的堂哥,他父亲的外甥,接管统治。可惜堂哥统治不久便去世了,年仅七岁的他接任。随着年龄的增长,卢多维科·斯福尔扎越发成熟,开始管理整座城市,不断扩张,侵吞邻土,将费拉拉、帕维亚收入囊中。光是扩张领土板块并不能使他得到满足,财富、荣誉、附属国的人心所向一样都不能少,还有一件,便是自美第奇家族以来,名门望族都希望自己流芳百世的这个传统:通过向艺术家下订单,完成作品,歌功颂德,以使自己的名字永传于世。

米兰宫廷正全面发展,列奥纳多当然得掺和一脚。由"伟大的洛伦佐"任命的大使鲁切拉伊作为代表拜访米兰宫廷,并将列奥纳多正式介绍给米兰公爵。不过这可能是违背洛伦佐的意愿的。

在公爵寝殿,大使鲁切拉伊并没有以艺术家的身份来引荐列奥纳多。战争威胁不断,卢多维科总把胜利置

---

① 1454 年 4 月 9 日,在(意大利)伦巴第地区的洛迪省首府签订了《洛迪和约》,结束了威尼斯和米兰自 15 世纪初以来的冲突,无与伦比的繁荣时代即将来临。

于首位。因此,他丝毫不需要一个画家来协助他,更何况是一个来自托斯卡纳的画家。

意大利当时由多民族、多城市构成,有些城市小得就像一片五彩纸屑。但各城市之间针锋相对,不亚于帝国争强。除此之外,在城市内部也不得安宁,总有一方势力强大到随时可以取代当权者。当权者只能通过联盟建成统一阵线来粉碎反对派势力。这样的时代,投机主义盛行,背叛无处不在,协约不堪一击,时势一片混乱。

列奥纳多在米兰最开始的一段时日非常艰难,谁也不想他出现在宫廷里。头几个月,他靠大使和几位生活于米兰的佛罗伦萨商人救济生活。后来,他加入了伦巴第艺术家家族的工坊,他受益于普雷迪斯一家人的订单,顶着"才华横溢的托斯卡纳人的光环"进行艺术创作。1483年4月,也就是来米兰一年后,终于来了个正经的大单子。这便是著名的祭坛装饰画——《岩间圣母》。

《岩间圣母》

如果说列奥纳多的创作仍不可避免地透露出佛罗伦萨式风格,那么他对作品的解读已完全脱离惯用模式。他是不可能局限于传统的静态绘画的,即一个圣母周边环绕天使和先知。于是他投入创作,再现传奇,描绘婴孩耶稣与年轻的圣约翰在茫茫沙漠相遇的场面。这个渎神的传奇在当时并未在大众中掀起波澜。列奥纳多几乎异端的大胆创造将峭壁和高地这些传奇性风景无限延伸,使之成了画作的主角,就像岩穴传说一样被赋予了象征意义。

在这幅作品中,圣母完美呈现了贞洁的母性光辉。对光线炫技般的处理,使内景和外景交替渲染出浓密而潮湿的氛围,恰如其分地将黑暗一扫而光。列奥纳多在构思《岩间圣母》时说过,"大地的子宫展示了神秘的生命力量,来源于产生生命之水的洞穴"[1]。

列奥纳多并不是第一个将圣母去神圣化的画家。最早是菲利波·利皮将圣母玛利亚绘成一个有血有肉的普通女人,一个感性的、能勾起他人欲望的女人。而列奥纳多则赋予玛丽亚母性光辉,一位关爱与焦虑无处不在的母亲。玛丽亚的形象显得更平易近人、动人心弦,如此年轻活力,却带着一抹神秘的微笑看着她好动的孩儿。列奥纳多打造的这种圣母形象将在接下来的几个世纪作为楷模。

列奥纳多对于普雷迪斯兄弟产生的影响是深远而重大的。他引入了一种奇怪的景象,充满了焦虑的氛围,也许这和他对伦巴第的第一印象有关。尤为关键的是,他的作品从来不包含婴孩耶稣的父亲,由此给神圣家族蒙上了一层悲剧色彩,这使得订购他画作的教士们很不满意。结果令人特别难以接受! 总的来说,便是下单者拒绝收画。

就在遭受"被拒绝"这种屈辱前夕,世界风云突变。1485年,瘟疫席卷伦巴第,带走了近三分之一米兰的人口。列奥纳多是如此热爱生命,所以他必须确保所有的伙伴们尽快离开,不论是去附近哪个不知名的乡村。曾经在佛罗伦萨,出于迷信,人们为了避免提及他的名字,就称之为"过客"。因此列奥纳多知道,他唯一的出路就是薄伽丘曾走过的路:逃到乡村,远离世俗。他满足于实践这条路,因为这个原因,查拉图斯特、阿塔兰忒、普雷迪斯兄弟才得以幸免于难。

归来之时,他们手肘夹着《岩间圣母》。委托者不但拒绝接受这部作品,还要求列奥纳多重新创作一幅"得体适宜"的作品,也许就是现存于伦敦的那幅作品。第一幅作品,也就是被回绝的那幅画,收藏于卢浮宫。直至今天,我们仍无法确认第二幅《岩间圣母》的创作日期。他们与资助者对簿公堂的案件是由卢多维科公爵仲裁的。有传言说,这位公爵就是第一幅《岩间圣母》的神秘收藏者,并将其作为马克西米利安皇帝与他斯福尔扎家族侄女的新婚礼物。20年后,到了要结案的时候,米兰已被法国占领,不知为何,判决理由全部偏向列奥纳多。但不管怎样,他初到米兰的时日确实艰难。

列奥纳多想要尽可能全面地去了解世界的热情从未消减。为了变换思路,使自己不至于思维僵化,他不断创新、钻研,全身心投入于发明创造:模仿鸟类飞行的模式,力图为人类安上这样一对翅膀,以实现人类飞行的愿望。

穷尽一生,他将持续和睡懒觉做斗争。不仅如此,他似乎对于摆脱他认为神圣的睡眠无能为力。不过,他从未停止自责,并总想着有一天能够痊愈,可惜,他发明各种"叫人起床"的系统并没有起到作用,只是一样比一样吵闹和烦人。他的订单也就百来个吧,但"叫人起床"系统刚开始还是很有效的。说不定这玩意的前景比《岩间圣母》都要好呢!飞翔,向着天空前进?他的发明远远不止!

记录生活

众所皆知,从来到米兰的第一天起,他就以各种方式

记录他作为知识分子的生活点滴。各种计划、白日梦、日常生活支出、名言警句、素描草图、机械设备、雕塑画作，以及今日无法命名的物件……他自己手工缝制的笔记本经常就放在他的口袋里①。笔记本的神奇之处在于需要通过镜子反射才能看懂，如此神秘的书写方式，让世人误以为他是巫师或间谍，才不得不这么隐藏信息。不过，认真来分析，这种书写方式可能不是担心秘密被泄露，或是意欲隐藏内容，更可能是一个事事不顺心的左撇子终于找到一个舒服自然的书写方式罢了。

不久，伦巴第作坊的温馨氛围，连同列奥纳多享有的令人啧啧称奇的名望演变成了一场永久性狂欢晚会。这是他的天赋之一，也是最矛盾的一个——狂欢艺术，最精彩也最糟糕。列奥纳多花费了无数个夜晚狂欢，引来同行和城市的穷人赴会。伦巴第地区的人们被列奥纳多这个人深深吸引，对他所展现的特有的托斯卡纳风格更是赞不绝口。这种不拘一格、充满狂欢气息的艺术风格，除了伦巴第一隅，世界上恐怕没有第二个地方能容下了。

那些年，是没有所谓的爱情的，有的是不断光顾的"农村"（contado）。这些区域其实是妓院丛生的温床，道德败坏的风气蔓延开来。

---

① 不算上因为不留意或者浪费而丢失的页数，列奥纳多的手稿多达7000多页。他的笔记分为三种形式：原始纸张，或者从笔记本上撕下来以便传递的纸张，还有捆扎的文集（他死后才被人收集起来），也被称作抄本。迄今为止，已找到29份。

《音乐家》

偶然的一次机会,米兰公爵爱上了音乐这门艺术。每年,他都会组织音乐比赛,召集意大利最优秀的音乐人。约斯坎·德普雷是他的熟人之一。列奥纳多与其好友阿塔兰忒联手参与此次音乐盛宴,希望能一举夺魁。他必须获得此次胜利。

也许就是这一时期列奥纳多创作了《阿塔兰忒》,又被称作《音乐家》,是其少数男性肖像画作品之一。

手提里拉琴——不同于手提古提琴——属于小提琴的雏形之一。通过心形弦轴箱内的弦轴调节琴弦,使其能通过弦弓摩擦而产生振动,并因此根据手指所按琴键发出对应的音符。再外加两根空弦或者低音组管,只允许用拇指弹拨,发出单一音符。一般人都是用左手拇指弹拨,唯列奥纳多除外。这是人们演唱时最常用的伴奏乐器。然而列奥纳多的手提里拉琴是最奇特的,它的形状类似镀银的马头骨,使其富有更强的音箱效果、更好的音色。列奥纳多伴奏、即兴演奏音乐和诗歌;阿塔兰忒跟随他唱歌、跳舞,他们赢得了比赛。但这次胜利并没有带来他所向往的普遍认可,也没能使他因此入驻宫廷。

列奥纳多将会使出浑身解数去讨公爵欢心。他那封不知道是否被收到的奉承信便是最好的例子。不管收到与否,这封信没有任何下文。

偶尔他也会接一些城市规划工程的项目,参与圆顶大教堂的提议,如同年少时期在韦罗基奥工作室接的订单,建筑理想城市的项目……可惜,没什么能让他置身战

乱之外,谁也救不了他。

　　他在这段不得不度过的萎靡期做了很多笔记。对他而言,总是因为太清闲才乐意下笔。大量的草稿也带来了纸张资源紧缺的问题。不是用来绘画或者练习的纸,而是流通的普通纸张不足,谁让他的想法不断在变化呢?不,是像奔腾的泉水不断涌出来。列奥纳多希望有一天他的这些想法都能成为现实。为了记录这些想法,他甚至拿了司法登记册的几页纸,其中还夹着一张 1489 年 12 月的轻罪清单,废物利用,多折几次就成了他那著名的"小册子"了。他在这些纸张上写下了第一个滑稽剧,灵感取自他热爱的流行文学。穷其一生,列奥纳多都爱收集些广为流传的民间小故事,通常会带点淫秽色彩。不过他最爱的还是那种嘲讽牧师和传教士的故事,简短精练,往往还包含色情或与性有关的意思。

　　文字游戏,抑或俏皮语:列奥纳多成功将不少于 154 个谜语写到一张纸的正反面上! 图画文字虽粗略,但发明的巧妙性足以证明其魅力无限。同时这些谜语也从侧面反映出列奥纳多的为人,他是世俗的逗乐者,是谜语制造的能人,是意大利人追捧的字画谜游戏的伟大制造者,是满足于旁观朝臣竞相猜谜的窘迫的怀才不遇之人。

　　同样,列奥纳多的预言是用来娱乐大众的。在他的手稿"小册子"里,谜语常常伴有表演提示:"你将引用这些疯狂、痴呆、头脑混乱的例子。"任何人都知道该用戏谑恍惚或者假装神谕的夸张语调来读这些句子。

　　举一个生动的例子:"他们残忍杀害自己的母亲,饮其血食其肉,只留下一张皮。这句话是在比喻土地的耕种者们。人类狂暴无情地打击养育自己的大地:他们打

碎了麦子……越是努力工作的,越会遭到打压,他们的孩子被夺走,抽筋剥皮,粉身碎骨,如同核桃树的核桃被长杆打落。"[2] 除此之外,"小册子"里还有些小故事:一只狗睡在一张羊皮上。它身上的一只跳蚤嗅到羊毛粗脂的味道,便断定那里会使它过得更舒服,一定会比狗爪和狗牙更护它周全,还能让它饱餐一顿。它想得美滋滋,不做进一步思考便离开了狗,竭尽全力钻进羊皮与羊毛的深处,然而满头大汗之后仍是徒劳无功,因为羊毛茂密无间,跳蚤找不到一丝细缝可以触碰到羊皮。最后,筋疲力尽的它想要重回狗的怀抱,可惜狗早已离去。此时的跳蚤真是后悔莫及,欲哭无泪,最终只能落个饿死的下场。

诸如此类的谜语寓言表现出了列奥纳多对于大自然独有的敏感性,这在当时是极为罕见的。当他用这种方式表现动物与人类时,他难道不是要弄哭观众吗?这就是他的目的?除了自娱自乐,取悦他人,他是否还想教化宫廷呢?读到他的作品时人们禁不住不这样想。在他身上预示了今天所谓的"保护生态"的一面,有时他甚至执拗地坚持于此。

他的这些"玩笑"一旦写下来便失去了魅力。它们的质量参差不齐。有一些非常庸俗、粗制滥造,或高度讽刺,反教权夹杂着诗意和生态主义。要知道列奥纳多是那种绷着脸讲笑话的人,能引得宫廷中人哈哈大笑,想矜持微笑都不行。一部分原因是这种没法不搞笑的精神,导致列奥纳多在同辈人中,尤其是那些权贵面前,活得像个边缘者,一个颇具天赋的门外汉,根本没法得到应有的重视。从文艺复兴时期以降,严肃的调子便奠定下来。

神奇的机器

他的手稿里满是他心爱的创作。大炮、新型轰炸机、有关建筑和机械装置的笔记、柱廊草图和节日注释、潜艇战方案、动物速写图、怪诞绘画、怪物的头和身体、年轻美男子的侧写、精致细腻的花朵图……然而,手稿里很少或者几乎没有比较隐私的话语,因为他并不依赖于文字,也不习惯文学化书写,他的风格偏向于干脆、简练、不拘小节,用起文字来宛如工匠使用其工具一般得心应手。

重要的是列奥纳多记载了今日被称为机器梦的诸多发明。当今社会有一新猜测非常盛行,即历史学家们认为这些发明草图不过是他从其他艺术家那里复制来的。他们推断来推断去,盼望着能从某个视角找到一个解决方法切入。

这些机器都没有被建造出来,我们找不到任何成品的痕迹。也许这些项目不过是空想。除此之外,他的这些发明创造中都是些半成品,也存在歧义,换句话说,他是为后人提供了一种散发性思路,使其能成为现实。可惜,他的手稿被发现得太迟了,最早也是在19世纪末,而最近是2000年,因此,哪怕现代机器与其发明草图何其相似,我们都无法把"发明之父"四字合乎情理地赠予他。

更何况如此的创造魔力竟被认为是恶作剧。1960年,我们在《大西洋古抄本》133页背后发现了自行车模型。令人难以置信的准确度,一辆完美的现代自行车!有人鉴定这作品可追溯到1500年!一段时日后,人们才发现这不过是19世纪末一个狡猾的图书管理员的

精心设计的恶作剧。

列奥纳多希望凭借军事工程和建筑方面的才能寻求米兰公爵的赏识,而手稿能起到很好的推销作用。但这一招并没有成功,和在佛罗伦萨一样,还是他在私人肖像绘画上的才华更受到认可,随后还引起一波潮流。自从菲利波·利皮开创首例以来,教会不再是专制独裁的唯一资助者了。尽管我们还是需要从这些画作中破译神的故事。当时的贵族阶级令画家们创作的作品也与宗教无关。就连那些富商也会向画家订购与宗教神圣风格毫无关系的画作。在此之前,画作应该是这样的:只有神职人员才能决定订购作品的内容,概莫能外①。

摩尔人卢多维科·斯福尔扎白费心机,恬不知耻要政治手段,最后还不是疯狂地被一个年轻的漂亮女人——切齐利娅·加莱拉尼所征服。公爵深知一切美丽都将逝去,他想使时间定格,使这一大美人永恒于世,让他的爱流传下去。而列奥纳多就成了能实现这些的人。从《吉内芙拉·德·本奇》到《音乐家》,作为一个肖像画师,他不停创作,并用这些名作证明了自己。然而这一次的创作,他将再一次超越自我。他在手稿中写下了这样几句话:"众口难调,为了使作品更符合大众口味,一个画家应该在同一部作品中完美结合大面积阴暗与细节阴影,并使观者能明白这些细节阴影的存在原因。"[3]

---

① 教堂是"幕后之手",当其下订单时,例如定制十字架,只能由其自己决定哪些人物可以出现在十字架脚下,如果人们一定要看到三个钉在十字架上的人或者仅耶稣一人,时辰、日子以及可出现的背景都由其说了算。他们一天一天蒸馏颜料,害怕这些东西被偷或者被高价卖给别人,并用稀释或者低浓度的颜料替代。随着私人订制的出现,艺术家逐渐能施加个人观点到创作中去了。绘画题材不再局限于《圣经》,画家们能添加更多的想法。

《抱貂女郎》①

切齐利娅·加莱拉尼确实是极美的。列奥纳多没有采取传统方式展现女人美貌,尤其是那些交际花的打扮方式,而是去掉了浮夸的首饰和炫耀的脂粉,呈现出一个既没首饰又没珠宝修饰的纯自然的美人儿。十七岁正值豆蔻年华的美人以一副克制谦逊的姿态停留于画中。她的脸有四分之三朝向画外某一点,仿佛是受到了意料之外的惊吓,一下子亮了。在她怀里,是一只白貂,它也仿佛听到了画外的动静而朝向那点看,并保持警惕,随时准备做出反应。

在女士和白貂身上可以看出,惟妙惟肖的造型和贴切的象征直击灵魂。切齐利娅温柔善良而又满心欢喜的表情和白貂的纯洁无瑕是相呼应的。这种动物宁可被捕获甚至是死亡,也不肯躲在脏乱堕落的洞穴里。白貂同时也是谦逊的标志。受到该作品启发,衍生出了一种叫"肖像—雕塑"的类型,生命在这里尽数得到体现。列奥纳多创作这幅象征性画作时,尽力使想象和现实融合,白貂表现出其狩猎者本性,即侵略性,哪怕是卢多维科公爵也不能幸免……从切齐利娅红袖子上的褶皱便可知道它的尖爪子随时准备发起进攻。

---

① 这幅作品值得贝尔纳多·贝林乔尼在诗中对画家作出高度评价,这也是列奥纳多获得的首次文学好评:"啊,大自然,正如你所嫉妒的,达·芬奇画出了你千万美好之一;漂亮的切齐利娅,她的双眸如此迷人,倒映出了阳光下的阴影。"他还称赞道:"从艺术创造手法来看,他将画中人呈现出一副倾听不语的状态。人们从她抚摸动物的姿态里,看到了迎合、色情、甚至是肉欲。朴素的首饰,如镶金前冲、黑色额带、包头丝带以及简洁项链,揭示了她的情妇身份,顺从而保守。"

列奥纳多画的一定是大自然中的野生白貂。而米兰的皮货商进口的白貂却另有其用,大多被卖给了宠物商店。我们知道切齐利娅拥有一对白貂。在当时这可是一种时尚,而切齐利娅就走在时尚前沿。

该肖像画引发了一系列事件,使众人好奇不已。口耳相传成就了这幅作品。画家致力于模特和实物的灵魂动作,而非外在,这大大增添了作品的魅力。

这幅作品将为他在米兰带来与 1470 年在佛罗伦萨时创作的《吉内芙拉·德·本奇》同样的声望。只是差不多的名声,还不够。要想得到更辉煌的成就和认可,他还需再耐心等待。

不过,这幅成名作总算是令他如愿进了宫廷,并获得了称得上"垄断"组织各类节日庆祝活动的权力。这跟那幅作品有什么联系吗?确实没什么关系。不过,无论是从作品中,还是在这些庆祝活动中,都可以看出列奥纳多的个性,天性活泼,极富节庆气息,浑身散发着喜气洋洋的氛围。没有什么比使众人开心更适合他的了。在众人欢腾的氛围下,他再一次创作了,以一种令人难以置信的创造力,其成功也迅速传播开去,以至于组织活动都成了他一生的专业。

那么,这些成就之后,他能因此抢到当时意大利艺术家和手工艺者都梦寐以求的骑士塑像订单吗?并没那么简单。这幅为了追悼卢多维科王朝的建立者弗朗切斯科一世·斯福尔扎的塑像,一直以来都是意大利雕塑家们追寻的一种挑战。所有人都梦想能得到这个订单,卢多维科故意耐着性子不决定,更加深了人们争夺的欲望。

那些年,在米兰,佛罗伦萨人的身份对他而言也算是

个小优势,面对宫廷的文人们至少在语言方面有优势。但这个小优势还不足以给他带来很多订单。

为了在两次活动举办间歇期也能生存下来,列奥纳多和其学生及助手一起开办了一家工作室,这家多功能作坊保证了他事业的良好运行。他对作坊主人这个身份也很满意。列奥纳多非常耐心地教授学生们如何融会贯通自己曾经的职业基础和现今的艺术创造,循序渐进,一丝不苟。他不允许二十岁以下的年轻人触碰画笔和颜料,只允许他们用铜版雕刻技术表达想法。可以毫不夸张地说,一大群年轻人给这作坊增添不少动人的光彩。列奥纳多是被一群动荡不安的少年围绕着的。一群? 也可能不是。他的第一批盛赞者们是他的同时代人,对于"过分的赞扬"情有独钟。后代们更是夸张不断,以至于让人以为列奥纳多自然而然地激发了人们极尽所能的夸张。

他的学徒很少,之后出名的大画家也都不在他的门下。虽然,所有人都在模仿他的手笔,却始终没能掌握他的创造能力。模仿不过是学习作画的一个阶段。无论他做什么,忙什么,好奇心总是令他心痒痒,想去探索,去了解更多……于是,1480 年末,他重拾解剖学绘图。他在这一领域做出的贡献,取得的进步,大大超越了其他方面的研究。他仔细地分析并描绘人体构造,以科学严谨的态度和前所未有的精细,又一次实现完美创造。

解剖学家

解剖这门学问,需要能经受住任何考验的勇气和毅

力,去面临该学科因尚未成熟而存在的疑点,并能在缺乏制冷系统的情况下,对腐烂发臭的尸体进行些不讨喜的实验。这一点,列奥纳多做到了。他采取直接具体的调查方式来验证前辈们的数据,以展现其决心。当时,盖伦、希波克拉底、亚里士多德等先人们的理论数据仍是医学界的唯一真理。而列奥纳多把这些数据付诸行动来检验。啊!医生们倒没有提出反对,只不过他们觉得这令人作呕的实验对于科学的进步毫无用处。当时的传统主义者认为对于解剖学的好奇不合时宜,甚至是可耻的。他们觉得,人是按照上帝的模样制作出来的,像机器一样被研究应当受千夫所指。

1489 年,列奥纳多三十七岁,他凝视着代表人类有限性的普遍标志物:头骨。通过一幅幅精细无比、阴影到位、以假乱真的素描图,他得以从平面、剖面、立面等多角度观察学习。研究的目的之一是找到灵魂所在处,即灵魂在身体的准确位置。他觉得这些严谨客观的图画可能是剖析灵魂深处奥秘的最好工具。我们可以想象,当他贴近头骨盒子观察时,嘴里絮絮叨叨着:"如果'常理'存在,应该能找到它的位置,如果灵魂存在,那么我们就能定位灵魂,它的位置最有可能在这里……"对一切质疑的学者灵魂里混杂着魔法师信仰。解剖学打开了他的新世界。他沉迷于探索其中,好奇心不断提升——他竟然列了令人难以置信的长长的单子:

　　专心描述人类最初的起源,当他们被孕育于子宫中

　　找到八个月大的孩子看不见任何东西的原因……

喷嚏是什么东西……

打呵欠是怎么回事……

癫痫

痉挛

……

瘫痪

由于寒冷而引起的颤抖

出汗

疲倦

饥饿

犯困

口渴

淫乱……[4]

他对于知识饕餮般的胃口是永无止境的。每接近一门领域，就为他打开了一扇门。解剖学像是各学科间的一座桥梁，通过它，列奥纳多印证了学科之间或多或少存在着联系。解剖学既是绘画的试金石，同时也可以展示他自然主义者的一面。他正朝着"新人文主义哲学画家"这一定义前进，虽然这于他而言无关紧要。

爱情，渴望，或是依赖？

"1490 年 7 月 22 日，即圣玛德莲的日子，贾科莫来和我住一起。那时，他十岁。"[5]

实际上，有个名叫卡普罗蒂·达·奥雷诺的人，文化水平不高，比较惹人讨厌，他在这一天将自己十岁的儿子

59

贾科莫托付①给列奥纳多的工作室做学徒。所有人,包括列奥纳多在内,都震惊于贾科莫魔鬼般的美貌、天使般的侧面,他长长的金色卷发如瀑布一样滑落肩膀。如此明亮而显眼的美。

很快,人们便发现他天使般的外表之下藏着颗魔鬼之心。他的外号萨莱或萨莱诺因此得来,意指魔鬼或者淘气鬼。列奥纳多让他吃好穿好,他却丝毫没有感恩之心,反而从师父的钱包里偷钱。于是,列奥纳多开始在新的手稿里记录偷窃的日期和数目,并抱怨这个孩子是如何变成了"小偷、撒谎者、执拗而贪婪的人"[6],尽可能地想着法子要破坏工作室的正常运行。

纵观列奥纳多一生,这段情感关系将是最持久、最丰富、最暧昧不清的,好戏才刚刚开始。说不定这就是他唯一的爱情故事。不过从我们所了解的信息来看,这也很难谈得上是爱情吧。那么到底是什么关系呢?工作室的学徒,野心不大,脸庞美得惊为天人,笑容满面,身体比例协调,经常作为模特出现在画作中,有时是裸体画,这可能添加了一层施虐者—受虐者的关系,有点类似于人们常说的主仆关系。这种关系并不是我们所以为的那样,既是男妓又是情人的夸张关系……它包含了无法分割清楚的情感、性事和金钱。

一些愈加暧昧不清的感情将师父与孩子联系在一

---

① 有人传言说列奥纳多收留他是为了钱,也就是说卡普罗蒂·达·奥雷诺把他儿子卖给了这位艺术家。这该如何得知呢?这个孩子从到来到离开的整段历史,都是模糊不清的,甚至可以说是故意被抹去了痕迹,因为列奥纳多想要掩盖二人之间的真实关系,尽管这暧昧不清在手稿里尽显无疑,比如,他的账目记载中满满都是对孩子的爱,同代人都是见证。

起。虽然萨莱从未停止掠夺工作室的资产,列奥纳多却无法赶走他。一开始孩子就表现出邪恶的一面,可列奥纳多对其也是一见钟情。他不能失去这孩子。再强调一次,多年过去了,这仍称得上是他人生中一段很大的冒险经历。尽管萨莱坏事做尽,弄得工作室臭名远扬,列奥纳多仍让所有人接纳他。他甚至还偷偷运转财务,试图弥补徒儿犯下的过失。

狂欢的发明者

卢多维科的宫廷里,所有艺术家都等着一项诱人的订单落到他们头上。这便是公爵的计划——订制一座纪念他父亲的巨大的骑士雕像。列奥纳多也位列其中。但是这个伦巴第人梦想的订单凭什么落到一个托斯卡纳人头上? 这个人还不是专业的雕塑家。因为这是他人生中最想得到的东西。

公爵提出的计划犹如敲诈勒索,使得宫廷里人头攒动,艺术家们对这座雕塑订单都垂涎三尺,可不仅仅只有列奥纳多如饥似渴。他感觉他的全部生命都依赖于此,只要公爵愿意,他可以命令他吃任何东西,做任何事情。凑巧,这些任务的多样性充斥着这个什么都爱碰碰弄弄的人的头脑。公爵的订单持续了很多年。列奥纳多被要求去组织节庆活动,一次成功,就有了下一次组织,下下次……每次的活动都令人"难以忘怀",其实这次的活动已经遮盖住了上次的气氛。列奥纳多希望得到他所谓的"巨马"。任何东西都无法阻止他获得举办狂欢活动的激情带来的愉悦。

他因此而获得斯福尔扎家族赋予的主办节庆活动的权力。列奥纳多负责监督各种华丽装置的制作和安置，以及露天装饰。整个城市的街道、广场都张灯结彩，城堡里的餐具摆盘令人惊艳……在设计活动和装饰之前，他通常要先选择表演地点。

组织过的活动中，最为轰动的是阿拉贡家族的伊莎贝尔和卢多维科有名的侄子吉安·加莱亚佐·斯福尔扎的婚礼庆典。这侄子每天都想掠夺公爵的领地。新娘伊莎贝尔来自意大利最有权力的家族。真是摩尔人的福气！所以狂欢必须熠熠发光，让欢乐在脑海挥之不去，还得让吉安·加莱亚佐忘记他的不切实际的吞并领地的想法。狂欢的目的之一就是更加肯定公爵的价值。推陈出新的庆典活动，转瞬即逝的奇思妙想马上要挤进艺术作品的行列了。

列奥纳多将整个托尔托纳装饰得无比华丽，垂花饰、挂毯、花环……婚礼队伍游行预计在此举行。

借此机会，他第一次发布了自己的机器人大作：巨大的自动化装置，外形是骑着高头大马的魁梧战士，通过内部的机械活动，看起来像是在自动行走，这机器人居然还认得出新娘！这项发明确保了列奥纳多日后的成功，使他度过最怀才不遇的时期，给他带来声望。

机器人迈着坚定的步伐走向新娘，从敞开的胸膛里用机械手掏出一束鲜花献给新娘子。它引起的惊喜无法言喻。整个宫廷愣住了。这个自己走路还能认出新人的巨大怪物和卢多维科长得一样。真扣人心弦……但是新娘母亲的突然暴毙中断了婚礼，仪式只能推后到下一年。在那时，列奥纳多需要做得比以前更好，重启停滞在"机

器人骑士首秀"时刻的婚礼与庆典。

1490 年 1 月 13 日，新人受打击一年后，这一天是史上著名的"天堂盛宴"。公爵令列奥纳多全权负责盛会以确保其圆满成功。这次，婚礼不在那不勒斯举行，而是改在了米兰。婚礼必须够豪华，才能吸引阿拉贡家族。另外，新娘在这一年已经开始怀疑她未来丈夫的男子气概了。所以，婚礼必须盛大，还要能掩盖住卢多维科的暗箱操作，以保持他在公爵领地的优势。

在斯福尔扎城堡的大厅内，列奥纳多在正中央搭建了一个高大的平台，装饰得如仙境一般，那里聚集了最位高权重的人。空气中弥漫着没药、麝香、肉桂和芦荟的香味。抬头可以看到绿色圆顶上代表两大家族团结友爱的徽章。四面墙壁上张挂着斯福尔扎家族先辈们的光荣征战史，颂扬家族的传奇故事。音乐家们用音乐连接起晚会的不同时刻，使之具有统一的狂欢效果。"天堂"位于平台最深处，暂时被一块巨大的黑幕遮挡着。前奏曲之后，阿拉贡家族的伊莎贝尔以一曲那不勒斯作为开场舞，紧接着是化装舞会。午夜时分，天使降临，悄悄揭开了"天堂"的帷幕，洒满星星的半球。绚烂的灯光伴着乐器的和鸣，伊莎贝尔成为万众瞩目的中心。当朱庇特向众神的信使墨丘利施以褒奖之词，列举美惠女神和力天使的天赋时，阿波罗因嫉妒而脸色惨白。多么壮观啊：远景装饰使在座的观者忘记了自己身处城堡。服装、灯光、音乐之中，一切的一切都是惊喜的效果。在很长的一段时间里，人们都对此次活动津津乐道，它一直被模仿，从未被超越。

公爵侄子的这场婚礼无疑是高度重要的政治活动。

在公爵的操控中,年轻人只是空有头衔,却还没背负起公爵的使命。如果事情如卢多维科想的那样发展,那么他永远都不会获得实权。更何况,在列奥纳多,特别是炼金术士琐罗亚斯德的精心照顾下,虚弱的侄子竟奇迹般地恢复了元气和活力,不愧是继承了他叔叔血脉的卢多维科家族人。事实上,欢庆后不久,人们便在窃窃私语:"公爵夫人怀孕了,吉安·加莱亚佐因过度耕耘而饱受腹痛之苦⋯⋯"7 这谣言证实了列奥纳多巫术的盛名,退一步讲,至少是令人相信了术士琐罗亚斯德的才能。列奥纳多及其伙伴持续在那里给人留下深刻印象。

15 世纪的大魔法师

列奥纳多从先人经验中汲取灵感,并结合产生于 15 世纪(欧洲文艺复兴的初期)的新型制表技术。在文艺复兴时期的宫廷里,他的机器人不过是昂贵而精致的表演工具,但其首创性不可否认。

他大师级别的演出作品令人惊愕,当之无愧地被称为大魔法师。然而这并不能令人承认他就是雕塑家了。

列奥纳多不是第一个制作机器人的人,机械制造是公认的一项传统手艺。但是他的技术处理非常到位且精致优雅。他的灵感来源于戏剧界以外的许多才干和知识。比如说,计划用于波利提昂《俄耳甫斯》的装置和列奥纳多日后发明的用于挖掘运河的土木工程机械装置十分接近。列奥纳多的许多技术,诸如擒纵机构、齿轮或复杂凸轮都是借鉴制表行业的。在佛罗伦萨居住着最天才的钟表匠,尤其是列奥纳多的好友们——德拉·沃尔帕

亚兄弟,发明了一只与众不同的占星钟,通过深奥的运算和完美的齿轮,机械运动能够模仿行星的运转轨迹。

此外,列奥纳多还为另一个狂欢派对设计了星球舞会。在机械设备的帮助下,他令舞台的演员们穿上神话人物的服装,并按计划从人造山顶由天而降。时钟,代表着钟表匠奥秘的黑匣子,也被比作上帝创作的宇宙。揭秘世界,就是揭示造物主通过数学运算发明的机械装置。制造机器人,展现神奇的奥秘之处,为观众带来最大的喜悦,这种行为或多或少都像是上帝视角。不要忘记沉迷于机械、机器人的列奥纳多在这一领域可以称得上造物主,他因此也引起了不少的质疑。都说一个机械师成了一个形而上学者。当人们读到有关造锁的手稿时,他曾写道:弹簧 A 想去 B[8]。这种口气像是赋予了弹簧灵魂,这让我们不得不觉得这位神奇的导演脑海里的东西远比已经做出来的表演精彩纷呈。

一年后,列奥纳多被指定组织伦巴第军队上尉加莱亚佐·达·圣塞韦里诺[①]主办的娱乐比赛。为此他创造了原始野人的服饰[②],这些服装的样子和中世纪对野人的定义十分不同。因为一般来说野人就是手拿木棍的伐木匠!而这对米兰人而言真是一场令人震撼的艺术与文化盛宴,写实的野人和他们太像了!

1496 年,在加莱亚佐兄弟的别墅里,列奥纳多导演了

---

① 卢多维科的女婿,1490 年 1 月 10 日娶了公爵的私生女比安卡。

② 在民间传统中野人(uomo selvatico)蕴含着自然不可抵御的力量,是人类最原始的某种状态。野人穿得像山顶洞人一样,身着兽皮、树叶或树皮,装备粘棒。列奥纳多还添加了一大批骑马的男性野人:留着大胡子,粗俗野蛮,奇怪而又吓人。

一出关于巴尔达萨尔·塔科内的神话剧,取名《达娜厄》。这一次,这个天才再一次实现自我超越:以灯笼点缀的天空为背景,画满奥林匹斯的众神,墨丘利下凡向达娜厄传递朱庇特的爱情信息;之后,下了一场神奇的金子雨,达娜厄变成了一颗星星,在一片号角声中升到空中;最后一幕,不朽女神降临山林水泽,向仙女们解释这一神奇的现象,并宣布珀尔修斯的诞生;紧接着,阿波罗借着琴声颂扬朱庇特和王子(经鉴别,该王子应该指的是卢多维科·斯福尔扎)。如果我们承认《大西洋古抄本》的真实性,那么剧中的场面都是借助于发光的大杏仁实现的,通过配重和齿轮系统,或是从天花板垂落,或是从空心壁柱中穿出。提升机、滑轮、注油机械……列奥纳多乐在其中。没什么比捣饬这些机械装置更令他欢喜的啦!

列奥纳多组织的所有演出中,两组新人婚礼的同时进行是最精彩的一次。一组是卢多维科公爵和贝亚特里切·德·埃斯特,另一组则是公爵的侄女安娜·斯福尔扎和阿方斯·埃斯特。尽管他爱他的情妇们,今天和切齐利娅·加莱拉尼,明天和卢克雷齐娅·克里韦利,但作为政治交易的婚姻仍不可避免。埃斯特公国在当时是最富有的。一箭双雕!1491年1月24日,卢多维科娶了埃斯特家族的小妹贝亚特里切,而他的侄女嫁给了她的表兄弟!这次难能可贵的联盟将被牢牢封印。

城堡大厅装饰满了油画,展示着弗朗切斯科·斯福尔扎军队的29项丰功伟绩,列奥纳多从大理石阴影中得到启发,使用单色明暗对比的技法。当然这位斯福尔扎先生像极了卢多维科公爵,霸道地占据了凯旋门下的所有墙面。而列奥纳多则致力于"特效"。在宫殿的庭院

里,他的机器人灵活行动,内部由一个孩子操控,外形酷似埃塞俄比亚战士,身着白衣,伸手向公主致敬。如果公爵能看出来这是列奥纳多在暗示他对梦想订单的渴望……

列奥纳多获得了极大的成功。说不定这一次他终于能拿到著名的骑士塑像的订单了！尽管他成天使用着木工凿子,雕塑也是他人生很重要的一部分,人们仍不看好列奥纳多的"雕塑家"的形象。好战的意大利人对于马匹都有普遍的热情,而列奥纳多和卢多维科公爵更加狂热,二人都能熟练操纵马匹。传奇的斯福尔扎期望在自己逝世的时候能带走最心爱的两匹纯种马。可惜,他最后孤零零地死在了监狱里。

骑士塑像

列奥纳多对于塑像的计划显而易见是十分宏伟的。正是这种过度吸引了公爵,并持续引起他的关注。列奥纳多怀揣超越世界上现存的所有骑士塑像的梦,无论是尺寸还是马的姿势,他都要独一无二,马要站立起来,并只用完整的一块石膏铸造。

为了安顿列奥纳多的工作室、助手、帮工、学生、动物们等,公爵特地提供了科尔特·韦基亚的大片场地,方便他尽快开始原尺寸模型的设计和制作。

奇怪的是,几个月过去了,工作丝毫没有进展。列奥纳多心存疑惑,所以他没法开始行动。对于无法达到自己的预期或者担心判断失误的害怕,深深困扰着这位天才。公爵没耐心了,撤销了该订单,并命令洛伦佐·德·

美第奇去找来"真正的"雕塑家。韦罗基奥的这位学生是容不得他人随意诋毁的。洛伦佐意识到这点了吗？他回复公爵的这句话最能激起这位佛罗伦萨人的决心："当我们有了列奥纳多，我们就有了佛罗伦萨最好的。"防御的警钟大作，列奥纳多马上展开反击。那个时代，文字和语言能让名声起伏不定。列奥纳多深谙此理，立即召集他的传令官、宫廷宴会上遇到的诗人、朋友、爱人与伴侣，并恳请他们称赞他的雕塑梦，顺道也赞美一下他。计谋得逞了。皮亚蒂诺·皮亚蒂的精妙警句颂扬斯福尔扎，被列奥纳多写于骑士塑像上。还有一些人直接说列奥纳多是天才。最后，公爵不得不收回成命，把订单和信任重新交付于他。这一次，他全身心投入创作。第二年，第一个巨大的黏土模型就建成了，人们可以到科尔特·韦基亚的庭院里一睹风采。人来人往，赞不绝口！诗人们继续赞美雕塑家，这一次可不是无凭无据的褒奖之词。

1493 年，公爵最喜欢的侄女比安卡·斯福尔扎举行婚礼，此时马的模型也已完成。这次婚礼也是为了巩固公爵的统治。事实上，比安卡嫁的是马克西米利安国王，在欧洲正处于冉冉上升势头的匈牙利的国王。被邀请至婚礼的人有幸一睹模型，皆瞠目结舌。属于列奥纳多的荣耀甚至传到了意大利之外。他真的做到了——世界上最宏伟的作品，纯手工制作，前所未有的辉煌。光是这尺寸便令人不得不折服：不算上底座，石膏模型有 7 米多高！底座一旦完成，塑像将高达 15 米，重 70 余吨。

胜利背后还有些要点不能被遗忘。例如，技术难以为继。如何熔化这个庞然大物呢？没有那么大的模具，况且列奥纳多还想着用完整的一块来铸造呢！怎么解决

浇铸和熔化这两个棘手的步骤呢？他想起了身边还有个鬼才琐罗亚斯德，他丰富的学识和对金属魔幻般的掌控一定会有办法的！琐罗亚斯德也是个不折不扣的好玩之徒，他心情保持愉悦，以搞怪的恶作剧和疯狂的创意闻名于世。这疯狂会延续到他的死亡，即使是在墓志上，他也会刻上一幅画——一个拿着钳子和锤子的天使正敲打死人的骨头。

　　为了庆祝老朋友的归来，列奥纳多特意制作了一件泡泡服，于是又一新外号诞生了——泡泡加洛扎拉。琐罗亚斯德已经有一长串的昵称了，其中有一个是占卜师(Indovino)。他对任何形式的生命都报以敬畏。他不会做出伤害跳蚤的任何事情。他只穿亚麻的衣服，不穿任何皮制品。列奥纳多也喜欢几乎所有动物，尤其是马，因为众所周知，他善于驯养任何动物。除此之外，琐罗亚斯德每每经过市场，都控制不住自己要买笼子里的小动物，只为了释放生命的一瞬间欢乐，但这大大损害了商人们的利益。这些行为体现了他对大地万物无止境的爱，却被同代人视为荒诞可笑。解剖学的研究见证了战争疯狂的"愤怒与残酷"[9]，他想以他的方式做出反抗，即发明能一举歼灭一切的武器……

　　琐罗亚斯德倾尽其工业科学的知识来解决塑像的熔化问题。多亏了他，熔化指日可待！科尔特·韦基亚的工作室像蜂巢一样充满活力，列奥纳多马上要进入最后一步——塑像的浇铸。可是没有持续稳定的收入，他还得经营工作室，他的店，一大家子人靠他养活，那段时间有 8 到 15 人：学生、学徒、帮工、仆人和他身边的朋友……更别说他赖以生存的一群动物。如果钱款已经不

够了,他如何养活这些呢?列奥纳多只得厚着脸皮寄信给卢多维科公爵。信中他骄傲地宣称,这座铜像完成后将雄视未来、流传百世。可是没有家庭的资助,他无法掌控未来,甚至连他的工作室都要运营不过来了。因此,万全之策就是放弃这匹毫无利润可言的"巨马"塑像,接收已付款的订单,来维持工作室的生计。他是多么希望能摆脱权力带来的压力啊!那一时期手稿里尽是会计账目:可用资金、收据、债务、待收账款、其他财政收支……

他既需要资金来维持每日的开销,也需要公爵给他带来的大量金属。他让人把所有能找到的金属收集起来。整个米兰都在为这座雕塑不断收集金属。

根据琐罗亚斯德的建议,列奥纳多决定去掉马的尾巴,让其侧身卧地来实现浇铸。二人已经解决了所有难题,只等浇铸。准备已充分。一次巨大的、无法预料的、难以想象的用三只熔炉一次性完成的浇铸行动,前所未闻!随着最终浇铸时刻的临近,他俩越发焦虑不安。

工作室、朋友们、诗人、艺术家……所有米兰的爱美之人都沸腾了!另一边的卢多维科不乐意了。他不再掏钱给列奥纳多,渐渐消失在他的视野里。不再有类似的热情,也不收集浇铸所必需的大量金属了,他犹豫着,也让世界等待着。"致敬父亲"这件事似乎没那么着急了。卢多维科甚至将重建维韦加诺镇的任务托付于列奥纳多,只为了让他远离米兰。他的想法就是命令,为了钱,列奥纳多不得不遵命。但是为什么公爵要在这关键时刻把他赶出工作室呢?列奥纳多开始担忧了,他不禁怀疑这可能是故意的。可是太奇怪了,都临近目标了,为什么突然转变主意?答案非常戏剧化,历史告诉他是因为战争。

1494 年，法国国王查理八世入侵意大利。美第奇家族被赶出佛罗伦萨，托斯卡纳城被占领……卢多维科需要立刻离开米兰吗？由于需要打造全新的大炮和防御工事，这不是一场说打就打的战争。这种新型大炮已经完全打乱了战争以往的模式。卢多维科欠费拉拉公爵一大笔债务，超过 3000 杜卡特金币。而这位公爵恰好紧缺金属来打造新型大炮，以阻挡法国军队的入侵。一是为了还债，二是为了避免引起怀疑，掩盖他和法国人签署秘密条约的事实，卢多维科就将为浇铸雕塑而积攒的约一万六千磅金属给了费拉拉公爵抵债。

永别了，马匹！永别了，荣耀和财富！纪念先人的塑像还不如大炮来得实在！还能用什么建造新的塑像呢？为"巨马"准备的所有铜都用于炮筒和圆炮弹的制作了！

对于不稳定的政治行为，尤其是卢多维科，列奥纳多没法不生气。不过他的愤怒是针对绝大多数的政治人物，不具有特定性。所有参与战争的人都令他不快。总有一天，这次失败也会被强加于他自身，人们会忘记客观因素的存在。人们只会记得列奥纳多是个一事无成、不按时交货的人。这一次，法国人真的兵临城下了。查理八世带领着他的军队进入米兰，暂时居留在此。在这期间，公爵领地的合法继承人——吉安·加莱亚佐死于帕维亚。有人怀疑是摩尔人毒死了他，这样一来，当法国人被赶出领地，他收复米兰之时，就能名正言顺地加冠公爵了。

母　亲？

1493 年 7 月 16 日，某个叫卡塔里娜的女人来到了米

兰。年龄不详,与列奥纳多的关系也不清楚。人们只知道,列奥纳多的家人变成了六位:萨莱、博尔特拉菲奥、马可·德·奥焦诺、巴蒂斯塔·德·维拉尼斯、仆人、卡塔里娜,再加上他自己。

历史学家几乎一致认为这是他的母亲。出于羞耻心,或是因为此事人尽皆知,所以他觉得没必要在手稿里详细说明。

一个女人,也许是他母亲,突然闯入了他的生活。在这个男权主义社会,这种事没法不引人注意。

如果这是他母亲,认真假设真的是他母亲,那么他有多久没见到过她了? 他的情绪肯定波动得厉害。我们只需看看那典型的证据,"小册子"里重复写下这一命中注定的日期:7 月的第 16 天,卡塔里娜来了,1493 年 7 月 16 日。[10]

在手稿里不断重复日期,也显示了列奥纳多正处于混乱中。他父亲死的时候,他也会是这副模样。可以想象,在经历了丈夫死亡、儿子战死沙场、女儿们远嫁他乡过自己的生活之后,卡塔里娜孤苦无依,没有任何经济来源,非常贫穷……她别无他法,只能来乞求在米兰的儿子的收养。从此,列奥纳多过上了每天有母亲在身边的日子。显而易见,这位母亲很快融入了家庭生活,默默地留在工作室和儿子的身边。她儿子已经是名声在外的大艺术家了,比他父亲有影响力得多。

众所皆知,自从萨莱来到工作室,列奥纳多便开始规律记账。一年后,日常生活琐碎账簿上多了一项——"卡塔里娜的葬礼费用"[11]。书、棺材用的丧葬被单、糖和蜡烛、交通费、十字架墓碑的竖立……

这个可怜的女人回到儿子身边不过是为了安然离世。到米兰两年后,她便离开了。数目不小的丧葬费用,只能让人们觉得这是为了母亲才肯花费下去的。与之相反的是,文件里冷冰冰的记录,令人震惊。毫无情感可言。如此掩盖个人强烈的情感,不失为一门艺术。"死亡"一词被划去,取而代之的是"魂归尘土"。费用清单如此冷血刻板,是为了让这件事淹没在日常开销的账目里,当作是一件随意的支出罢了。其实他内心是无比沉重和痛苦的。悄然抹去母亲死亡的事实并不能减少相应的痛苦。被抛弃的孩子用各种细枝末节掩盖自己的廉耻心……

生活仍要继续

为了庆祝和马克西米利安国王的结盟,摩尔人卢多维科命令画家们重现"古罗马皇帝的吟游诗人和军队"[12]的画面。总而言之,装饰需要体现非常重要的政治意义。该项任务十分紧急。可我们的列奥纳多,早就习惯了在工作室自在悠闲的工作方式。紧急任务对他而言简直像是侵犯。更可气的是,他身边围绕着一群按日付薪的装饰师们。而他习惯根据不同要求,按月或按年收费。现在倒好,他像个新手,被计件付钱,任务一件比一件紧急。尽管这样,他还是很爱恶作剧,让人无法理解,求个好玩而已。在一次骑士比武期间,他做了块盾牌,上面挂了面写满美德的镜子!想想还有谁能这样?一个常常拿不到订单,有时无法养活家人,甚至随时可能被国王驱逐的人。即便拿到了订单,他还会忘记交付作品。这个完美

主义者、什么都爱把玩的人,总是开开心心地变换着心思。

此次结盟令诗人们回想起了"浇铸过巨大塑像的天才发明家",与此同时也称赞了发起人卢多维科。受益于精彩纷呈表演的诗人们,最想致敬的还是列奥纳多,因为他们还幻想着再一次目睹被铜浇铸的塑像。

然而这座"巨马"塑像最后不过是一个原始的黏土模型,高达 7.2 米。多年的付出白费了,留下难以言喻的悲伤和不可计算的失望。

从此以后,他不会再信任、尊重任何权贵。有第一次背叛,就会有第二次、第三次……所以他再也不会信任卢多维科了。

《最后的晚餐》

卢多维科突然对圣玛丽亚感恩修道院产生了极大的兴趣。他要把它改造成记录其丰功伟绩的纪念建筑物,还要在那里建造他和他妻子的坟墓。于是,他把人生最大的订单托付给列奥纳多。也许是为了弥补先前对那座塑像的怠慢?谁知道呢?也许他只是在寻求践行科西莫·德·美第奇提出的原则:艺术必须服务于所在地的名声和当地统治者。

按照约定俗成的习惯,说到餐厅就想到最后的晚餐,而这正是托斯卡纳画家们最钟爱的创作题材。有朝一日,轮到列奥纳多自己来表现这一象征基督教的最著名的主题,为伟大的布拉曼特刚造的新建筑设计巨幅"最后的晚餐"。

　　订单确定下来后，列奥纳多开始专注于设计。他想到佛罗伦萨圣马可修道院的餐厅。随后便沉浸于尺寸的设计：5 米×9 米。为了克服（创作壁画的）类似困难，他选择了比湿壁画干燥更慢的蛋彩画。这种画法能给他更多发挥空间，精锐风格，体现细节，各种修改都有了可能性。

　　列奥纳多的壁画一定得慢慢来。在仍湿润的建筑上立刻作画，对他而言是万万行不通的。即使是在墙壁上作画，他也会选择油画，干得慢，还能凭心情和喜好拖拖拉拉，在作品精加工时也能拖延时间。油画允许较慢的作画进度，很符合他的工作方式。列奥纳多工作拖拉成了远近出名的事儿。一系列又慢又冗长的前期工作之后，他还需要三年多才能最终完成作品。

　　列奥纳多选择了耶稣向门徒宣布消息的确切时刻：你们当中的一个将会背叛我。托斯卡纳式的长椅背后，听到消息的门徒们很是吃惊，蠢蠢欲动，三人为一组，四组人的动作、神情迥异，正中间是值得敬仰的耶稣，孤单一人。网络状的视角最终集中于一人身上，即耶稣，该构图完美诠释了他的孤独。这件艺术作品的不朽性令人印象深刻：观众的观察点（餐厅正中央）刚好位于实际的消失点之下。采取了戏剧化视角，使得地面和天花板的平面倾斜，而侧面墙壁的平面被截去一段。基于他在透视技法上的老师阿尔伯蒂的相关理论，列奥纳多重新设计了金字塔视角。有几个创新点值得一提：任何人都没有光环，包括耶稣在内；在所有"最后的晚餐"作品里，叛徒第一次露了正脸，而不是后背。毕竟他在做背叛的事情之前还不是叛徒，没理由在晚餐时把他掩盖住。

《最后的晚餐》作画的墙面宽 4.6 米,高 8.8 米。受蛋彩画灵感启发,列奥纳多能熟练运用技术,随意添加、修改颜色,直至整幅画面的色彩和谐。与中世界整体风格的晦暗、沉重形成鲜明对比,列奥纳多实现了摸索已久的风格创新——雅致、清晰的风格。蛋彩画又叫蛋胶画,鸡蛋混合油性颜料,涂抹于两层石膏上,这种创新具有革命性意义,同时也十分有风险,因为对环境条件的要求十分苛刻。这幅画就是个鲜活的例子。餐厅的湿度过高,最终会改变原先的色彩,短短几年内还会导致画的油漆逐渐脱落。1513 年,画作状况开始恶化,并持续不断地恶化。人类作品的脆弱预示了它们的命运,门徒们的相貌随着画作的消退而在视线里模糊。《最后的晚餐》将布满岁月的痕迹,渐行渐远,脱落、褪色,直至消失于无能为力的公众面前。

《最后的晚餐》的悲剧收尾就像列奥纳多在米兰的生活写照,他重新审视在米兰一日不如一日的生活。整段时日不过是无用功,徒劳的挣扎,迟来的认可,少得可怜的能够完成的作品,他自我辩解不是自己的错。他心里只剩下悲伤和散漫。这就是他全部的伦巴第生活!

暂且不论表象如何,列奥纳多还是在不断提升自我修养,丰富科学观察和概念知识的。光是《最后的晚餐》这幅作品,如果没有他对于灵魂运动的学识、声音传播和光线扩散的理论,是不可能完成的。除去一些"官方活动"和演出外,列奥纳多平日里还是保持着对艺术、透视、绘画和人类飞行的深度思考。

在修道院里,他不仅创作了《最后的晚餐》,为了修饰它,又另作三幅垂挂其上的拱顶画,以符合他 1495 年得

来的"城堡装饰家"名号。他在画作里展现了斯福尔扎的徽章，配以水果、植物和记录家族荣耀的铭文。餐厅的另一面墙上，他为公爵家族的每个成员都作了跪地祈祷的肖像画，其中包括卢多维科和他的长子、贝亚特里切和她的弟弟。他们从未如此好看过！列奥纳多因此获得了他们的称赞！

那些年，列奥纳多迷恋的主题之一——具有象征意义的形式，如绶带饰、结扣，以及蜿蜒曲折的不同形式的交错——蛇、环形鬈发、发绺、缠绕的螺旋状物、攀缘植物、河流的漩涡、障碍物旁的急湍……依他看来，这些事物实则归为一体、和谐统一。

天轴厅的装饰在列奥纳多所有装饰性创造中最新颖最令人瞠目结舌。他用到的一些处理方法预见了矫饰主义和人造自然的概念。强壮的根自岩石丛中茁壮生长，树干与支柱等高，并且巧妙交织，朝着拱顶方向扩张。拱顶树枝交错，叶丛、叶片覆盖，令人眼花缭乱。列奥纳多利用特殊手段，违背植物生长规律，才创造出了惊为天人的作品。

然而，什么也掩盖不了政权即将落入深渊的疯狂现实。摩尔人卢多维科强行占用领地最后的公款，用于没完没了的狂欢，加快了公国的没落进程。公爵眼神空洞，被四面八方传来的流言蜚语包围，听到却并不明白命运凄惨的回声。所有人都在反复说着："法国军队准备再次入侵半岛，夺取那不勒斯、威尼斯和米兰。"[13]公国正受到威胁。在公国统治末期的氛围笼罩中，列奥纳多的最后一次官方旅行——热那亚港口之行被斯福尔扎家族的没落丧钟所打断。

《铁匠家的美女》①

不过,列奥纳多通过给卢多维科的新情妇画了一幅奢华的肖像画,很快重获了他的青睐。漂亮的伦巴第交际花——卢克雷齐娅·克里韦利,是已知的摩尔人最后一个心爱之人。这幅画看起来像是雕塑的半身像,活力之处在于眼睛,它们是朝着观察者的右边看去的,仿佛是收到了外界不可言说的消息。类似《抱貂女郎》,她也被外界所吸引着。在两幅作品里,女子们都是在等什么人或听到了什么消息:估计是来自她们所爱之人。因此,这双朝外看的眼睛默默地证明了公爵的无处不在。

那时,意想不到的悲剧猛烈打击了公爵。他二十二岁的年轻妻子——贝亚特里切·德·埃斯特,还怀着他第三个孩子就去世了。所有派对都是列奥纳多组织的,而这位孕妇尽情放肆地跳跃、舞蹈,不过她很快就感到不舒适了,人们还没来得及伸出援手,她便离开了人世。1497 年 1 月 2 日,米兰可以说是失去了一位皇后,就算不是,也得是公爵夫人吧。卢多维科自从娶了她,就没停止过欺骗。这无比沉重的打击令他动摇了。卢多维科开始悔恨自己曾经的所作所为,转而信仰宗教并退居到圣玛

---

① 18 世纪时,人们在如今的卢浮宫曾对收藏物做过一次清算,而关于该画作人物的鉴别则出现了两次错误。这幅被推测可能是列奥纳多的作品,画中人最初被认定是路易十四的情妇,或者是一位嫁给费伦先生的女子,再者就是宫廷铁匠的女儿。当人们最终确定作者身份时,才发现画中人是卢克雷齐娅·克里韦利,摩尔人最后的几个情妇之一。但为了方便识别画作,原名 *La Belle Ferronnière*(本书遵循原意译为《铁匠家的美女》,此作又译为《美丽的费隆妮叶夫人》)被保留了。

丽亚感恩修道院,那里便是安置《最后的晚餐》的地方。他在那里安葬了他的妻子,打算等自己死后葬在她旁边。他所有的时间都花费在在壁画前悼念妻子、为她祈祷。游戏和派对让位于宗教活动,占星术和法术获得越来越多的关注。斯福尔扎家族向来对这些法术青睐有加。不过列奥纳多却对这些东西感到恼火。未来是不确定的,占星家却能靠这些大发其财。从贵族阶层到底层人民,所有人在听到了占星家的预言后,消极等待着新时代各种灾难和动荡的来临。1500 年,狂妄的传教士大肆传播世界末日说,一个比一个会招摇撞骗。他们弹唱着末日的序奏。秉着自由精神,列奥纳多将预言家和亡灵巫师,法师和骗子归为同一类,因为他们都依赖把迷信之说科学化来达到控制人民的目的。

　　诙谐幽默、爱好捉弄人的列奥纳多创作了许多糟糕透顶的"预言"……这些短小精悍的文章"模仿着疯狂、极度兴奋、精神错乱的状态,就像是喋喋不休的预言者因受到谵妄和幻想的控制而造成感官、想象力的过度激动",并被世人传颂。列奥纳多在这方面做得很完美:他就是神谕信使!同时一长串的谜语也呼之而出,谜底包含对喜剧形式不可或缺的效仿。可怕的场景融入了日常生活中最普通的情景。"我们将看到死人骨头如何快速决定谁来摇晃它们:死人骨头不过就是骰子。""我们将看到人们行走在大型动物的皮上:指的是皮制鞋底。""很多人割母亲的喉咙然后把皮还给了她:指土地的耕种者。""人类猛烈打击赖以生存的东西:他们打的是麦子。""有人问画家:你怎么把你的画描绘得如此美丽而你的孩子却生得这么丑?画家回答:因为我白天作画,晚上造人。"[14]诸如

此类的短篇。这些谜语或者笑话，不仅仅是为了使隐藏的东西浮出水面，更是向思想提起挑战，以求修复被自然教条主义伤害的头脑。

数　学

1496 年，同时代最伟大的数学家，修道院院士卢卡·帕乔利来到米兰讲授数学。很快，两人便建立了友谊。帕乔利之后来米兰都只是为了和列奥纳多共事。他启蒙了列奥纳多的数学和欧几里得的几何学。列奥纳多总是以闪电般的速度理解、领会概念，因此让帕乔利折服。二人之间，相互敬佩，相互友爱。1498 年，在宫廷里举行的一场科学论战上，帕乔利极力赞扬列奥纳多，并将他列为有史以来最伟大的知识分子。这一赞誉是所有艺术家梦寐以求的。艺术家偶尔会因为忽视拉丁语而被羞辱为"没文化的人"。列奥纳多也常常以此自嘲，不过按这句话在手稿的出现频率来推测，他并未因此受到羞辱而痛苦。想想他小时候学习不好的时候，只去了公立学校学习最基本的知识，那才是真正的耻辱呢！而拉丁语却是他一直在暗暗自学的。要学好数学，掌握他需要的计算方法，一个好的导师必不可少。

至于来自圣塞波尔克罗小镇的数学家修道院院士卢卡·帕乔利，他宣称是皮耶罗·德拉·弗朗切斯卡的数学遗产的继承者，却从不觉得有必要引用其观点。按文学上的观点，他有剽窃的嫌疑。不过，他也算立下功劳，指引列奥纳多走向欧几里得的几何学，使他发现了迷人的新大陆，无穷无尽的问题有待解决，是对其智力的一项

挑战。不久,他俩便打算合作出书——《神圣比例》,现存的三本初版中有一本至今仍保存在米兰的昂布罗修图书馆。该书汇集了帕乔利所有的知识体系,不管是自己的还是借用来的。列奥纳多则完成了规则多面体的绘制,其完美性令众多艺术家和学者心驰神往。

在帕乔利的序言中,列奥纳多的名字脱颖而出,卢卡·帕乔利称赞《最后的晚餐》的作者、巨大骑士塑像的设计者。他不但引用了作品中令人震惊的尺寸数字,还附加道:"列奥纳多完成了一件对于运动、撞击、重量等各种力量有着不可估量的价值的作品。"列奥纳多预见到了惯性原则。一直以来他都认为世界处于和谐的平衡状态,数学和几何学对丰富这一方面的思考具有重要作用。他依旧假装自己是个自卑的人,不幸也如影相随,但现在他学会了自我解嘲。"因为我没什么文学素养,所以有些自以为是的人便觉得自己有资格以此来批评我。他们争辩说,由于缺少必要的文学积累,我无法正确处理我正着手做的事情。"[15]但列奥纳多深知自己为15世纪文艺复兴的风格带来了质的变化。最终他确实获得了同行的认可,以及其他学者和数学家们的肯定,尤其是卢卡·帕乔利。

尽管列奥纳多没有在波利齐亚诺学校或者是中世纪新柏拉图主义学院受过严格的正规教育,不是从那里出来的文艺复兴人文主义者,但他本身却成为一种普遍于世的精神。他把人类,包括他自己,置于宇宙中心,让所有辅佐知识的工具(包括一切方法、学科)都聚集到自己身上,为他所用。"绘画即认知"[16]是他首肯的金句。他就是那个什么都想了解的人,是中世纪文艺复兴的灵魂人

物。他渴望了解整个地球。什么也阻挡不了他如宇宙般宏伟的好奇心。然而,他从未有归属感,昨天在佛罗伦萨,今天在米兰,明天呢? 在曼托瓦、威尼斯、罗马⋯⋯还是在地球上的某个不知明的地方?

又是派对⋯⋯

一场战争滑稽戏后,宫廷里的众人重归轻浮的生活,每次战争都像是攻占米兰的重演,一次又一次,大家都习惯了。卢多维科走出了丧妻之痛,不再禁食,在他的统治下,列奥纳多开展着各项计划,实践各种心血来潮的奇思妙想。公爵强制让宫廷内的人员,特别是列奥纳多,参加基督徒的友爱餐会,其频率和强度仍无法满足卢多维科的欲望。遭受失去一切的痛苦,而无法得到相应的安慰,这位鳏夫沉醉于挥霍最后的无上权力。

在这些地位被上升为艺术作品的奇思妙想中,列奥纳多的创作无疑是最好的。他追求完美,对于导演这件事颇有品味,附带对技术细节的病态性关注。他对嘉年华的服装建议便是最好的见证。真正的美不在于宏伟,而在于碎片、琐事、微不足道的细节。真正能实现奇思妙想的大师是会关注配饰的。没有什么是应该被忽略的,他必须把一切尽收眼底。列奥纳多说:"制作一件漂亮的衣服,首先需要一匹精致的布料,然后涂上一层芬芳的清漆,漆由笃褥香油制成,待油干后,涂抹东方的猩红色染料上光,注意该样品需钻孔、湿润以免黏住⋯⋯"[17]

列奥纳多在斯福尔扎城堡真正实现了一场试验性的戏剧。舞台成了庄严而具有决定意义的空间。在那里,

宫廷表明了他们的道德、宗教和政治理想。

这一成果带来的订单累垮了列奥纳多。不过,一如既往没有薪酬。自从塑像计划泡汤后,他就没有任何收入了,恐怕公爵也没想到吧?

他在卢多维科心里的地位越来越不容乐观,正如公爵他自己在米兰的地位也日渐衰落。逾期付款、谗言佞语、违约承诺……列奥纳多被弄得筋疲力尽。他再次动笔给公爵写信,抱怨他和工作室的贫困状况:"我很抱歉需要寻求您的帮助,但我非常需要钱来满足我遵从陛下命令的愿望。"[18]

最后,实在不得已,他只能接收其他订单:派对活动、新的演出、斯福尔扎城堡的房间的装饰等来弥补损失。哎,这并不是什么大规模的工程,但他必须审时度势,不然如何运转他那家店呢?

智慧而写实,却有知识分子反对他;博学而全才,却招致了专家的愤怒。他有着展望未来的视野,令那些活在当下的人气馁不已,卢多维科首当其冲。这样一个想了解并复制一切、渗透并重建一切的人,最后却只能把满腹才学用于耍耍花招、逗乐他人。他提出城市规划的建议,别人却向他订购演出服。误解最后酿就了悲剧。这个神经质的人是个不稳定因素。一直以来,他都是疯狂投入一件事,随后置之不理。泄气还是厌烦了?他似乎是为了避免作品的完成,才在前期工作中如此投入。无论如何,绘画在他眼里是非常纯粹的精神性活动,同时也是他的头等大事。列奥纳多对艺术自主性有着敏锐的认知,对自己的才能也是恃宠而骄的,以下一段话足以说明一切:"在勾勒要创作的画时,你需要将头脑置于看到的

物体和将要展现的艺术品之间;绘画的神圣性使得画家的精神转化为上帝精神的表达。因为上帝同样握有强大的自由来创造世间万物……"[19]

斯福尔扎家族的败落

宫廷廉价出售其名下财富,寻求流动资产,列奥纳多因此得到了他人生第一笔物权。他年近四十五岁了。从地产角度来看,他买到的这块地成色不错。地产是一片葡萄园,位于米兰的时髦区,在圣玛丽亚感恩修道院和圣维托雷隐修院之间,面积一公顷。凭借大地主的新身份,他无视外界风云变幻,专心致志衡量土地尺寸,以便估算其确切价值。然而,时间非常紧迫,眼看着斯福尔扎家族即将陨落,他必须考虑离开米兰,以防任何意外发生。米兰再一次受到外界威胁,这次仍然是法国人。

1499 年初,列奥纳多整理了他所有的积蓄,数目可观,共有 1280 个皇家里拉①。春天,他与学徒们结清账款。萨莱拿到了 9 个金币,而其他同伴们只有几个里拉。战乱接踵而至。9 月 6 日,米兰落到了法国人手里。大炮一发不响,昔日辉煌的斯福尔扎家族结束了。9 月 2 日,

----

① 皇家里拉被分为 20 份,每份 12 德纳里。16 世纪初,里拉是意大利的参考货币,每个地区据此轧制货币:弗罗林金币、杜卡特金币、斯库多银币、朱利奥币……列奥纳多既使用佛罗伦萨弗罗林金币,也使用威尼斯杜卡特金币,在那个时代一个大概值 4 里拉。众所皆知,15 世纪末,在米兰,1 里拉可以买一份四人食用一月的面包,或者 6 千克的小牛肉,20 瓶乡村酿造的酒,两斤半的蜡烛,一斤的糖类奢侈品。1490 年,列奥纳多花费 6 里拉买了一本 600 页的数学书,15 里拉买了一件镶银丝绒内衬的大衣。那时,一匹马需要 40 杜卡特金币,抑或是 160 里拉。在佛罗伦萨,一个建筑工人每月赚 2 弗罗林金币,一个公务员每月赚 11 弗罗林金币。

卢多维科逃往因斯布鲁克，投靠哈布斯堡的马克西米利安国王。斯福尔扎的城堡已经被法国军队占领。10月6日，接任查理八世王位的路易十二，热烈而隆重地入驻米兰，他将在这待上一个月。列奥纳多暂未离开，他还等着见证故事后来怎么样了呢，他就老老实实地在他工作室看戏，顺道记下历史性的一刻："城堡的统治者被俘虏，维斯孔蒂被带走……公爵的儿子被杀，领地、私人财产、自由也被掠夺了，他最终一事无成。"[20]冷冰冰的一句总结。

列奥纳多经常向别人聊起他的观点，说道："不要信赖他，因为他还有一件要用一生来完成的作品。"[21]没什么其他联系能牵绊住他，除了自由他也没有别的主人。我们可以说他是个背信弃义的人，只有他自己知道忠诚为何物。无论如何，他的忠诚都不会给予这些不稳定、不确定的政治人物。

众多"小册子"里，没有一段文字是关于时事的批评或赞扬。因为这些与他无关。他只关心这些事会给他带来哪些困扰，如战争会打断他的工作，破碎了他的铜像梦，某位主权者没落导致他取消了所有被保护者的订单，或改变了它们的性质……除此之外，他毫不关心。政治，相对于他的事业来讲，不过是些轶事、附带事件、插曲和无聊事件罢了。

表面上他泰然自若地继续工作，实则不然。1499年12月14日，他从新圣玛利亚医院贷记他的佛罗伦萨账户，即老式的当铺里贷记了一笔大数目——600弗罗林金币。不过他总有种缺斤少两、被剥削的感觉，尤其是当他无法使自己人过上好日子的时候。

卢多维科倒台后，列奥纳多小心翼翼地接近胜利者。

当路易十二看到他的作品《最后的晚餐》时，立马赐予列奥纳多豁免权，甚至还提出更多优待。该权利更坚定了他中立人士的政治立场，只要和他有关，哪怕是成为公共事务的投机分子都无所谓。但这并不妨碍列奥纳多整理行装，打算离开。既然现在已经有了新的主人，他考虑跟着他们去罗马。利尼①，法国人的忠士，却建议列奥纳多加入他们的征服之路。列奥纳多犹豫了，一旦现在出发，将永无返程。永别了，米兰！

向谁告别呢？

1500 年 2 月 2 日献主节的凌晨，卢卡·帕乔利告诉列奥纳多米兰部分建筑物受到了洪水的侵蚀。到了夜晚，暴徒们打开闸门，水位上升。《最后的晚餐》所在的房间被淹没了，地面已经发霉了。在如此潮湿的环境下，第一层黏土开始脱落，与墙面分离，石膏也被地板翻起，到处都是裂缝，硝石也只能沉淀下来。列奥纳多看着他的杰作，看了很久很久。然后他转过身，离开了房间。他想，这一别恐怕就是永远。历史证明，他是对的，再也没人看到过这幅神作。

历经数年，体现他努力和才华的巅峰作品被吞没了。从此以后，全世界都可以随意临摹他的《最后的晚餐》，虽然世界的节奏加快，所以很长一段时间里没有任何仿制作品出现。犹大的形象、基督的脸，他慢条斯理地绘制，

---

① 路易·德·卢森堡，利尼伯爵，是查理八世的堂兄。1499 年，他重新取回路易十二的军队首领一职，并打算进军觊觎已久的那不勒斯王国。然而事情并没按照他希望的进行，最终他和国王一起回到了法国。

力求精致巧妙,而如今他的创意散布四处,将不可挽回地被毁坏。他一眼便看穿了一切,预料到了结局。他还是头也不回地离开了。是的,就那么撒手不管了。

在法国人的占领下,列奥纳多的生活不仅没受到阻挠,反而可能有所改善。他的事业也没任何变化,所以他还没离开。没有事情压制着他了。

法国人征服伦巴第、占据斯福尔扎城堡后,便举行盛宴庆祝,凯撒·波吉亚无疑就是最美的。列奥纳多第一次看到他,便再也难以忘怀。

然而,米兰的形势越来越不容乐观。国王突然要回法国,而他的副手奥比尼、盟友凯撒·波吉亚将带领法国军队继续进军费拉拉公国。特里维尔斯以路易十二之名,留下管理伦巴第地区。不久,他就引起米兰人民的怨恨。特里维尔斯这个人可恶、傲慢还贪婪无度。当米兰人们开始憎恨,短短的时间里就来势汹汹:在卢多维科一夜之间倒台之前,这20年来他们是那么爱戴这个领导者,而如今,爱有多深,对新领导者的恨就很有多深。也就是说,特里维尔斯让人更怀念斯福尔扎家族。法国国王离开米兰后,长期受制于形势的人们开始蠢蠢欲动。列奥纳多和卢卡突然觉得是时候离这个地方了。布拉曼特已经离开了,这是一个迹象;列奥纳多的葡萄园被没收了,这是另一个迹象。

有流言说,卢多维科即将回归,注定要惩罚那些趁他缺席时与外敌有合作的叛徒。列奥纳多位列其中。他知道,启程离开刻不容缓。他整理了几本书,清空了账户,卖掉带不走的东西,量身定做了几套舒适的衣服,还准备了钱箱,打算存放几个在芬奇小镇。在去罗马、曼托瓦或威尼

斯之前,摩尔人越来越近了。他不得不加快出发的步伐。

　　真正令他难过的是要放弃塑像的石膏模型,随之而去的还有"终有一天能把它浇铸"的希望。

　　他做出了一个正确的政治选择——去投靠法国人的最强盟友,威尼斯人。陪在他身边的还有萨莱、琐罗亚斯德、乔瓦尼·安东尼奥·博尔特拉菲奥以及他的良师益友卢卡·帕乔利。帕乔利长期在威尼斯任教,并与城市的犹太人和商人保持着联系。除了帕乔利,谁还会建议列奥纳多来威尼斯呢?意大利战火燃烧,唯独威尼斯看起来是安全的。

　　于是,12月里寒冷的某一天,年近五十岁的列奥纳多再次上路……

第三部分（1499—1506）

曼托瓦

他们途中在曼托瓦停留了一阵。伊莎贝拉·德·埃斯特很早之前就坚持要列奥纳多画一幅她的画像。这位卢多维科可怕的大姨子已经纠缠列奥纳多好几年了，一定要他来她家里住。她家里？可曼托瓦就是个像纸屑般小的城邦，那里已经有曼特尼亚了。城邦太小，是容不下两位大画家的。列奥纳多用黑石、木炭和黄色彩铅在纸上画了幅草图。就是那幅著名的，人们说是最接近本人的伊莎贝拉画像。

列奥纳多与他的两位朋友——卢多维科以前的情妇重逢了。她们就是《抱貂女郎》和《铁匠家的美女》（《美丽的费隆妮叶夫人》）中的美丽模特。坐在列奥纳多仿佛还是昨天为她们画的画像下面，两位模特看起来像画中人物的奶奶。她们身材发福了。有先见之明的伊莎贝拉提防着任何意外。她已故的妹妹贝亚特里切给米兰留下了两位继承人。但她还是坚定地以皇室礼仪殷勤款待着这两个女人，因为她们分别给卢多维科生了一个儿子。也

89

许某天她们的儿子也会被立为继承人呢……

曼托瓦有列奥纳多永远的朋友阿塔兰忒。他在这里担任宫廷乐师。还有一位达·芬奇的狂热仰慕者，诗人巴尔达萨雷·卡斯蒂廖内。他就像是列奥纳多可以共享精神世界的兄弟，他在诗中把列奥纳多列为世界上最伟大的画家之一。这座城市向他表示了热烈的欢迎，但是女独裁者伊莎贝拉·德·埃斯特，这个可怕的女人追求绝对权威。对列奥纳多来说她太专横了，她向所有人下各种命令，把她的艺术家们当成半个仆役看待。她只想要激起别人对她的赞美，不管用什么手段都可以。这位真是一个宣传好手。对她来说，她的一切都必须比别人的更华美。而且为了让她的乐趣得到更好的满足，这些必须要人尽皆知。所以列奥纳多只匆匆画了幅草图，为了摆脱她还向她承诺会把草图誊到画板上给她寄去。然后他没要剩下的钱就跑了。他对女人已经没有什么吸引力了，伊莎贝拉·德·埃斯特赞同这个看法。

只剩下那幅她的画像，保存良好，未完工，这是列奥纳多极少数流传至今并且未受损害的上色草图中的一幅。人们谈起它就像是在说一幅杰作："他的这幅画是晕涂法的第一次伟大实现，卷曲的密发使脸部周围的阴影变浓，光线的微弱反射形成了半明半暗的效果，让肌肤变得柔和，使微微含笑的脸庞浸满了优雅。"阿道夫·文图里在他的《艺术史》[1]中写道。

威尼斯,1500 年

终于! 终于到威尼斯了!

列奥纳多身边一直有萨莱,帕乔利,博尔特拉菲奥,忠诚的琐罗亚斯德,以及他的骏马们陪伴着,现在他又有了阿塔兰忒在旁。阿塔兰忒从他们在曼托瓦停留的那段时间里受益颇多,于是决定跟随着他们。列奥纳多这次来到威尼斯共和国,却没有得到像国王一样的接待。在米兰,他最终获得的是自己完全想象不到的盛情款待。

依靠着相当于所有地中海国家联合起来的实力强大的船队,威尼斯一直对抗着土耳其以保护自己的地盘。但是最近一段时间,土耳其的挑衅越来越厉害。与总是处在动荡中的佛罗伦萨不同,威尼斯直到这时还未经历过政治纠纷。所有的权力都掌握在贵族手中,他们从不向人民寻求建议来解决争端。只要不干涉政事,人民就享受着完全的自由。对这片土地上饱受迫害的人来说,威尼斯尤其是一个避难之城……而它的财富,甚至足以让一个佛罗伦萨人眼花缭乱。

在维持了多年的和平与占有海洋的绝对统治权后,威尼斯第一次受到了威胁。苏丹巴耶济德二世那暴躁兴奋的土耳其军队在打败了威尼斯的船队后,又攻占了威尼斯繁荣的殖民地摩里亚半岛。如果人们高兴于卢多维科的溃败,那对于威尼斯总督在勒班被土耳其人击败一事,人们则是惊惶不安的。来自米兰的消息让人感到可怕。为了坚持效忠于卢多维科,列奥纳多的一位建筑师朋友被法国人极其残酷地拷打并处死了。卢多维科宣告

回归,他称会以同样的方式对待法国人的同谋。然而无心恋战的他在帕维亚被逮捕并被关进了都灵某处的监狱。法国人又一次占领了伦巴第……

列奥纳多知道战败者的朋友总归不是无辜的。他还担心着他的"巨马"。十六年的工作就要这样烟消云散了吗?就要这样夺走他期盼已久的荣耀吗……

他为了躲避伦巴第的战争离开那里,却在威尼斯再次陷入了战争!尽管如此,他还是留在了那里,美丽的幻景令他着迷。这个城市比人们向他描述的还要漂亮。这是他第一次与拜占庭的创造力,与东方的富丽堂皇相会。东方的大门名副其实……虽说这座泄湖上的城市没有像萨莱想象的那样来迎接列奥纳多,那么相反,列奥纳多自己则留心带着法国权贵充满赞扬的国书,信中赋予他艺术家和军事防御专家的称号。帕乔利在向当权者介绍时称他为军事工程师。被威尼斯认可后,列奥纳多因为自己终于被当成一位工程师而狂喜,他立即被派到伊松佐河河岸,任务是发明一套综合防御系统,即找到保护这片没有天然防御的领土的最好方法。也就是想到一个连聪明的威尼斯人都从来没有想出来过的新点子!

军事工程师

土耳其人在尤其开阔的波河平原上已经进行了一年多的致命袭击。必须尽快找到方法阻挡他们。列奥纳多构思的防御系统虽然很巧妙,但却可能会造成大量死亡。他提出在包围着威尼斯的两条河上设置一组大胆的活动闸门,来淹没上游环绕着威尼斯的土地。入侵者一旦出

现，就会是第一个被淹死的。当然，河边的居民也会被淹死，但这样威尼斯就得救了！荒谬的是这个画在纸上的危险计划竟然就这样被采用了。3月初，元老院计划把雇佣兵队长和工程师派遣到现场以保证工程的实现。但是，突然间，就在计划将要转为行动时，这个点子被舍弃了。

列奥纳多很久之后才知道，威尼斯人把他当作为土耳其人效力的间谍！他难道没有为了法国入侵者而背叛了他的前任保护人卢多维科吗？人们怀疑他已经向巴耶济德二世出卖了威尼斯委托给他的计划。人们已经把背叛与他这个人的灵魂扣在了一起。

至于同行们，就像曾经在佛罗伦萨一样，威尼斯也有很多杰出的艺术家，但他们同样也不信任列奥纳多。他们都担心，列奥纳多即使没有占据他们的地位，那他很快也会成为第一的——他值得这个地位。在他到达的几个星期后，他才意识到这一点。但是那么多的东西吸引着他，鼓动着他，令他赞叹……威尼斯此时正在它的文明和雄伟顶点。在这里，列奥纳多深深感受到了新的知识传播媒介——威尼斯极为发达的印刷术及其衍生技术。因此他决定起码在这里待到把他的几本书出版之后。他之前在米兰已经利用印刷术将他的幻想作品刻在了铜板上。这些复杂的环绕着结状装饰的幻想作品，受斯福尔扎城堡里天轴厅的绠带饰主题的启发，被称作 groppi，也就是后人所称的"达·芬奇的幻想作品"。在中间还有题字"列奥纳多·达·芬奇学派"。他的学派没有任何具体的计划，不如说是一种理念，关于他青年时期所热爱的佛罗伦萨的一种回忆，其中仍有马尔西利奥·费奇诺新柏

拉图学派的影子。他关于学派的愿望只不过是与卢卡·帕乔利和他关系相近的合作者建立知识层面的友谊。

列奥纳多在威尼斯学到了大量的知识。首先从蚀刻,也就是硝酸在金属板上施展的技术开始,虽说在那个时代只是在试验阶段,但它确实已经出现了。只有在硝酸作用下带来的清晰线条才能使列奥纳多有机会复制他那些比较复杂的画,从而有一天他的科学作品也能得以出版。从此之后,他只梦想着出版这件事。他积攒了超过二十年的关于各门学科的笔记,但笔记仍处于一片混乱,毫无头绪。渴望知识的他从艺术家工作室跑到书店,从雕刻工聚集地跑到排字工工坊,他经常光顾当时欧洲最大的书市里亚尔托。他没有一刻得闲,这座城市充满了财富和新奇。然而也是在这个被水环绕的城市,他发明出了潜水服,但他拒绝将他的发明普及,理由是"人类太坏了,要避免他们用到不正当的地方去"[2],也就是说用来杀人。画了那么多大炮,那么多用于作战的工具模型,他却在淹死毫无防卫之人的恐惧面前退缩了!意大利正处于雇佣兵队长的时代,这代表着一个要擅长征战的年代。军队由雇佣兵组成,他们的工作就是去战斗,但基本不会去送死。人们很少会真的杀人。在查理八世入侵之前,杀死对手甚至是禁止的!战争只是一个战略游戏。

他参观了贝利尼的工作室,当时大约十二岁的提香就在那里,已经颇有天赋。他还参观了帕尔马·伊尔·韦基奥和乔尔乔内的工作室,后者与列奥纳多非常亲近,他一生所画的画里都带有列奥纳多的痕迹。虽然并不受欢迎,但他仍然兴高采烈。如果说他从来没有要在威尼斯定居,或是在那儿开一间工作室的念头,那他现在知道

他不应该这么做。在充满敌意的威尼斯，面对如此严峻的竞争，他觉得自己没那个能力，尽管他不懂这敌意从何而来。托斯卡纳作坊间的互助友爱在这里是不存在的。而且威尼斯的市场规则很可能与米兰不同。在米兰的时候，不管怎样他总有被卢多维科或其他王公召唤的机会。而在这里，艺术家的生存环境更自由，同时也更艰难了。列奥纳多没办法与威尼斯祖传的作坊竞争，他们之间的亲缘关系极其紧密，只对自己人提供保护。而且自从人们怀疑他是奸细之后，元老院和政府在为工程学或军事方面的工作物色人选时，就自动将他排除在外了……他不得不开始重新整理自己的行李箱。

看到自己身为工程师的才能被无视了，列奥纳多既伤心又失望。他预见到自己作为艺术家所具备的才能很可能也不会被赏识，于是他离开了威尼斯。他没有空暇带走的作品就留在了那里。这些作品后来尤其为丢勒所用。丢勒1505年左右游历威尼斯，他抱着极大的热情模仿了列奥纳多的画。

威尼斯只是旅程中的一段，一个得天独厚的观察地，在这里能够看到意大利政治军事格局的走向。威尼斯每天收到从世界各地寄来的信件，挤满了各个国家的密使。很有可能作为对威尼斯款待的回报，列奥纳多曾为十人议会①提供过信息，可能是关于1499年底以来伦巴第的军事情形，或者是关于法国军队的动向，再或者是关于要塞的状况，甚至是其他任何事情……意思是说他确实做过一些间谍工作，但是为谁效劳呢？问题就在这儿。虽

---

① 在威尼斯政府内部的神秘组织，其成员往往是共和国最有能力和威望的议员、贵族，他们权力很大，甚至可以废立执政官。

然人们经常把他当作间谍,但没有人敢断定他属于哪个阵营。在他的"小册子"里,也没有任何蛛丝马迹。可这并不表示他就不是间谍了。不管怎样,他记账的本子里什么都没有,他从来没有得到类似任务的报酬,这并不妨碍他有机会的时候——怎么形容比较好——坦率地提供战略信息。

多亏了他的信息网,列奥纳多知道 1501 年 1 月以后,米兰公国发生了很多大事件。他离开米兰是一个明智的决定。所以目前还不能回去。那么他离开威尼斯又要去哪儿呢?回家吗?但是他的家又在哪儿?

哪　儿?

他父亲一直生活在佛罗伦萨。

这个父亲难道想见到他吗?我们发现了很多列奥纳多写给父亲的信的草稿,但是没有人知道瑟·皮耶罗是不是真的有收到。对于他父亲的新家庭传达出的敌意,列奥纳多再清楚不过地感受到了,尤其是来自他父亲的第四任也是最后一任妻子卢克雷齐娅,以及父亲的 12 个孩子的。

他与自此管理着佛罗伦萨的首长索代里尼的关系也不尽如人意。机缘巧合,列奥纳多与年轻的尼科洛·马基雅弗利结成合作关系。很快列奥纳多成了这位首长秘书的朋友。虽是忘年之交,但他们惺惺相惜。

佛罗伦萨,1501 年

二十年后重新回到这里,他觉得佛罗伦萨变了。是

的,佛罗伦萨变得很彻底。美第奇家族被驱逐,萨伏那洛拉^①被烧死……伴随着恺撒·波吉亚势力的不断上升,佛罗伦萨以及其他意大利城邦,都因宗教和政治的不安定而骚动着。到处都是危机,威尼斯也是。列奥纳多清楚地看到了。但是,佛罗伦萨的状况好像有了起色,将要重新走上正轨。

如果说列奥纳多先是离开米兰,然后又离开威尼斯是为了逃避战争的残酷,那么在佛罗伦萨,在这废墟和未平息的硝烟中,隐藏着同样的内部纷争,人民为仇恨和复仇而苦。列奥纳多感觉自己迷失在了被丑陋和毁灭的欲望所支配的阴险的民众中。列奥纳多唯一的朋友波提切利好像已经逝世了,他受的伤害更大,他在但丁的圈子里寻求逃避,不停地画但丁,直到画作变得抽象;他逃到闲人组成的学院里^②,在那里看着橄榄树长大,再也不用操心画画的事。这位当时在欧洲宫廷最声名远扬的画家过早地离开了大众视线,一下子销声匿迹。这对列奥纳多来说是可怕的教训。

曼托瓦的女公爵伊莎贝拉·德·埃斯特卷土重来,她一直想挽回列奥纳多,收买列奥纳多。她热爱艺术和文学,因保护杰出人才而声名远扬。她为能笼络列奥纳多的社交群而洋洋自得。比如像彼得罗·本博、马泰奥·班戴洛、阿里奥斯托之流的作家和诗人。他们难道

---

① 萨伏那洛拉(1452—1498),意大利基督教宣教士、改革家和殉教士。

② 在去世前的五年,桑德罗·波提切利从大众面前消失了。他停止了作画,有人说是自从他的学生兼挚友菲利皮诺·利皮死后,也有人说是看到《蒙娜丽莎》之后,他确定原来他都是在自欺欺人,因为在绘画上他完全失败了。我们找不到这场争论的答案,我们只能看到他在最后几年里,与其他几个像他一样"悠闲的人"一起凝望托斯卡纳美景,同时给但丁的诗作作注解。

不会向她致以敬意吗？在打响使意大利动荡不安的战争时，她伺机而动，决定在最佳时机拿下列奥纳多。她从密探那里得知"他过着流浪又放荡的生活，以至于朝夕之间，他可能就不在人世了"。

维持生计

实际上，在回到托斯卡纳的前几个月，列奥纳多得靠不得已的工作来维持生计。比如说，有人请他分析圣米尼亚托的山谷和教堂差点坍塌的原因，并且发明避免坍塌的系统。

在他的建议下，人们开始整修圣米尼亚托周围的下水道和水管。工程很成功。其他的委托也纷至沓来，主要是提供建筑方面，或者是我们今天所说的工程学方面的建议。他喜欢工作的多样性，但事实上，这只是些没什么闪光点，也挣不到钱的工作。所以他不得不时常动用他放在新圣玛利亚医院的 600 弗罗林金币的储蓄，每次拿 50 个出来。

列奥纳多终其一生都没将自己从财务担忧中解放出来，但他也不会哭喊自己的悲惨。他的自尊不允许别人认为他缺少钱财。除了在受到战争和其导致的废墟威胁之时，他写给卢多维科的一两封信中微微透露过这一绝境，他已没有办法养活他身边的人；除此之外，他认为钱只是一种交换工具。他蔑视钱，他甚至在笔记里写道："如果你说你挣得了可以保障年老病弱之时足够的资本，你的努力终究会失败。你到不了年老那一步，你的生活只会充满幻想和无用的希望。"[3]

　　好几个传记作家觉得列奥纳多在 1501 年的前几个月过得太悠闲，甚至认为他当时不在佛罗伦萨而去了罗马。可惜，他们认为的这场所谓的旅程不存在任何证据。列奥纳多只有从年轻时代开始，对佛罗伦萨圣马可花园的废墟抱有的厚颜的爱。

　　而这对于过往和遗迹，尤其是废墟的热爱，恰恰构成了文艺复兴早期的特征，给人充满能量和热情的印象，正是我们一个半世纪后称为文艺复兴的初步探索。

《圣安妮》

　　在 1500 年这一年，圣玛利亚会修士委托菲利皮诺·利皮为佛罗伦萨圣母领报大教堂里的主祭坛作一幅画。列奥纳多面对这位久别重逢的朋友，没办法隐藏他的妒火。而素来以天赋和友善赢得赞誉的菲利波·利皮之子，则自从儿时就对列奥纳多钦佩有加，他了解他的伤心，于是他说服修士选择另一位艺术家——"他们这一代中最天赋异禀的艺术家"。菲利皮诺·利皮亲自将列奥纳多介绍给了圣玛利亚会修士，修士们虽然不乐意热情地接待他，但还是向他保证会满足他要求的所有方便。也许只有在佛罗伦萨，在 15 世纪文艺复兴初期相同的艺术演变过程中诞生的这些画家之间，才能看到这样面对分配的工作时同样的友善，同样的天赋。

　　那么佛罗伦萨圣母领报大教堂，圣玛利亚会的所在地，其行政长官是瑟·皮耶罗一事是否是巧合呢？利皮的引荐如此成功是否只是因为列奥纳多的父亲也参与进来为他的儿子谋取好处了呢？没有任何代为求情的证

据。有的，只是一些怀疑。

修士们在祭台中央位置的后面建了一个很大的装饰屏，不管是教堂一边还是唱诗班一边都能看到，每一面都需要两幅巨画。没错，除了旁边格间上提前就预想好的六位行走中的圣人画之外，这个壮观的屏风每一面都需装饰有两幅规模巨大的画：3.33 米×2.18 米。首先是放置在"作为剧院的唱诗台"⁴ 前"呈凯旋门形状的雄伟祭台"的画，这就是委托人向列奥纳多所描述的任务。

他此时是否对他从前所画的《岩间圣母》心怀感情？当人们看到他的《圣安妮》，他著名的、难忘的《圣安妮》①，就不禁想到了《岩间圣母》。列奥纳多被多重的母亲形象所吸引，于是在他的草图里，他画了一位母亲在另外一位母亲后面的构图，两者分辨不清。第一眼我们只能认出是一副躯体长着两个头，从躯体中伸展出不止一个人的四肢来，多么混乱。这是他结合了对生母卡塔里娜的回忆，以及对养母阿尔别拉（他父亲第一位妻子）的回忆吗？这回忆让人联想起同样的辈分混乱……也为所有观察者描绘出了这幅画的"神奇"之处。

他错乱的记忆成功造就了这幅奇画。不管怎么说，一个人从他童年中回想起来的东西绝不是无关紧要的，对他甚至有与现实同样的影响力。在他出错的回忆里，我们难道不能看出他的敏感性，他看世界的方式吗？这编造出来的回忆与现实同样重要。

———————

① 除了大量做准备工作时画的草稿之外，我们发现有两幅《圣安妮》，出于方便，我们称其中一幅为"卢浮宫"的《圣安妮》，另一幅为"伦敦"的《圣安妮》。从远处看，这两幅非常相像，但近看却又极其不同。列奥纳多把我们丢进了"大家来找茬"的游戏里。而且每次，都是我们惨败。

他很快就完成了草图,这是因为这项工作给他带来的刺激,而不是因为利益所驱,尽管他经济情况确实不佳。他对这个主题执念很深,画了大量的草图。这种金字塔形状的混杂的躯体结构曾一度使他极其苦恼。他很努力地尝试完成这种表现形式。很明显,他成功了。

直到今日,两幅著名的《圣安妮》草图中奇怪的差异还是让我们吃惊。这真有些奇怪,伦敦那幅有着近乎牧神般面容的圣安妮,微笑中略显不安,与卢浮宫里的那幅《圣安妮》正好相反。确实有让她苦恼的地方,因为卢浮宫的那幅笑容能抚慰人心。他是不是在看过了布兰卡奇礼拜堂里马萨乔的《圣安妮》后由此得到了启发?

圣母玛利亚坐着,嵌入(我们可以这么说)她母亲膝间,这是一个比较传统的姿势。创新的是层叠在一起的三个身体。像乔托、安杰利科一样,列奥纳多从基督教义中寻找创作来源。实际上是他创作时的大胆让每个人惊叹连连。是创造了一个除了被母亲和外祖母围绕着的小耶稣外没有男性形象的全新三位一体的大胆。而且,是让人将此永远铭记的大胆。

在这座金字塔中,从形成了三角形中心点的安妮的头纱,到羔羊的尾巴,一切看起来都像是计算好的、由意志决定了的,但是又给我们一种完全源于自然的感觉。

自从他画了著名的《圣母子和猫》,画中有狮子的《圣哲罗姆》和《抱貂女郎》……列奥纳多只想再次将动物加入他画板之上以突出人物,尤其当这些人物还是孩子的时候,而小耶稣就是这个孩子。他坐在母亲的膝上,不停地想逃离母亲的警惕范围来与一只想摆脱束缚的小羊羔玩耍。在他们身后,圣安妮挂着与她女儿同样的微笑,表

现出无限的慈爱。

草图实在太让人惊讶了，僧侣们甚至向列奥纳多提议将画稿展示给佛罗伦萨市民。就以现在这个状态吗？展示一个草图？是的，就在圣母领报大教堂的内院大厅里，人们揭开了它的幕布。整个佛罗伦萨蜂拥而来欣赏这位二十年后归来的神童的最新杰作。排了两天的长队，各种各样的人忽然云集而来就像是参加盛大的节日，男人女人、富人穷人、年轻人老年人都有。修士们的旧餐厅是参观者最后的落脚之地。这真是无与伦比的成功！

这下好了，列奥纳多成功回归佛罗伦萨，佛罗伦萨也热情地欢迎他！尽管曾有萨伏那洛拉的残暴政权存在过，这里的人们还是一样自由，会向契马布埃画的圣母像发出欢呼。没有其他地方能有比这更清醒的种族、更灵敏的精神、更尖刻的语言存在了。佛罗伦萨始终是艺术之都，美丽之都和批判之都。但很快它就不是了。列奥纳多和其他几个敏锐的艺术家觉察到了这一点，于是他们打算提前离开。历史很快也会证明，他们是对的。

另外的事，又是另外的事……

当承诺让列奥纳多感到厌倦时，他总是会忘记他的承诺。他曾向圣玛利亚会修士保证会完成他的作品。但是他从中挣脱了。他始终需要潜在的保护者，以他们的权力和财力资助他继续研究。尤其是给予他精神所需要的安宁与独立。伊莎贝拉·德·埃斯特好几次向他索要画像，之后疲于这场拉锯战，她乞求列奥纳多给她随便一幅耶稣像或圣母像，只要是出自他手。她没有收到过明

确的拒绝,只是一系列的推托和承诺。而她在之后的争
取中也没有获得胜利。

　　人们经常会忘记,列奥纳多刚开始是因为他的玩笑
和天马行空的想象力而出名的。他既让人难以应付又任
性,作为佛罗伦萨出生的艺术家,他是第一个在游戏和滑
稽活动领域占据如此高位的,他甚至将之写在了他好几
本日记中。他的幽默感既让人吃惊却又不协调,他的委
托人不是一直都能理解和欣赏他的。他身边的人连他从
不认真对待任何事的讽刺态度都喜欢。他好像总是能从
自己的幽默感里脱身……如果所有人都觉得没有什么东
西能触及他那就不对了,是因为他身上有一种可以去影
响他人的优雅,才使得他不受任何事物影响。他感到不
舒服时,他就躲起来,又登上山岗去做能让人类飞起来的
试验,试验者首先是他自己,或者是赞成他试验的其他
人,比如琐罗亚斯德。他一生中设计了很多翅膀,各种各
样的翅膀,还有飞行器。在这个领域,失败也从来没有使
他气馁……飞行成了他未完成的最大梦想。并不是因为
他不用功,也不是因为他没有真正测试过他的飞行器。
某些人证实,他的实验造成了两名助手的死亡;另一些人
说,他从来没有超出过用动物做实验的阶段……疑虑一
直存在。但能肯定的是,他为此真的下了不少功夫。

　　如果说他回到佛罗伦萨激起了众人的好奇心,甚至
爆发了大众的仰慕,那这件事却没有带来期望中的局面。
利皮确实将装饰屏的订单转交给了他,列奥纳多通过展
示他的《圣安妮》草图确实经历了一段荣耀时光,是的,人
们排着长队只为一睹真迹,但是这个订单不同于其他的
订单,如果他在规定期限内完成不了,他可能会失去他的

所有信誉。

经历了这样的成功后,列奥纳多按道理应该重新回到工作上,将作品完成好以便尽快接受其他的订单……然而不是的,他又一次放弃了已经开了头的画。哦!他留下了很多的研究、初样、草图,有一些已经画了很多了,但是只有一幅是画在木板上的,就是今天在卢浮宫的那一幅。无论如何,订单已下,然而这个订单在之后也一直没有完成。僧侣们两年里白白地耐心等待列奥纳多能将画交付给他们。然后,他们心灰意冷了——列奥纳多为追随波吉亚离开了佛罗伦萨,没有人知道他什么时候回来,不知道他是否还会回来——僧侣们又转而希望菲利皮诺·利皮能将屏风的装饰任务完成。但是一份新的合约让他脱不开身。他正开始画一幅《卸下圣体》。然而1504年,年纪轻轻的菲利皮诺·利皮忽然去世。最终是佩鲁吉诺于1506年完成了列奥纳多未完成的任务。

因为有重大新闻,列奥纳多从此之后开始厌恶画画了!至少表面上他是这么表现给纠缠着他的人看的,比如一直不肯罢休的曼托瓦女公爵。"数学让他远离了绘画,他再也没办法拿起画笔了",女公爵的间谍这样向她汇报。

不过他还是为法国国王面前的红人弗洛里蒙·罗伯特画了一幅小圣母像。他足够聪明,没有得罪他的同盟。这就是那幅著名的小耶稣手中拿着纺锤的《圣母像》,这幅画后来成了他的仰慕者临摹的样本,甚至是典范。拉斐尔的反应和米开朗琪罗一样,在路过列奥纳多的工作室,看到这幅画时,全然被震惊了。每个人,以他们自己的方式,模仿着这个被正在织羊毛的母亲抱在怀里的孩

子的题材。

列奥纳多的学生，甚至萨莱，也临摹过至少两幅出彩的复本，起码它们一直流传到了 21 世纪，他在画中运用了列奥纳多画群山的背景时所提倡的蔚蓝色的着色技巧。"天空就应该按照它被感知的那样来画——蓝色。""因为看到的空气是蓝色的……"[5] 他那时经常记载道。

来回奔波

列奥纳多模糊不清的态度越来越让人惊讶。大众对他的生活和他从事活动的多重性感到困惑。他这一天天的生活既缺乏条理又反复无常。人们抱怨他随随便便的态度，他不履行任务或不完成作品的无能。人们控诉他不再热爱艺术了，他因为科学而疏远了艺术……但是不管怎样，在那个时候这是没有错的。他渴望着机器，他沉迷于创造和完善机器。没有人可以确认他创造出来的机器有成功运转过。尽管他表现得如超越同时代人的理性主义者一般，尽管他把技术放在优先的地位，但他还是没办法严密地把他的知识系统组织起来。由于缺少理论，他的科学观察没有办法跨越当时的传统观念。他详细设计的许多可以盈利的机器超前于他的时代，超前于那个产生了大规模科技创新运动，自 14 世纪开始代表意大利北方特色的时代。我们今天可以提出这个问题：列奥纳多是否不屑于仿效，或者说是引用十三年前就曾写过一篇关于机器专论的弗朗切斯科·迪·乔治·马提尼的观点，其中包括汽车和著名的水力涡轮机，这让即使如列奥纳多这般的天才也赞叹不已。1490 年，这两位大师在帕

维亚见面了，他们在一起探讨了实现大教堂圆顶的方法。

在长居米兰的几年后，尽管真的很需要钱财，列奥纳多又爱上了旅行，或者说是又爱上了流浪生活。他再一次开始了奔波，他想去看看不一样的地方，他想要弄懂一切，领悟这个世界。佛罗伦萨对他已经没有吸引力了。我们也可以看出，在这层意义上，他所做的努力完全没有价值：这座城市不能给他一个真正的大订单，就像米兰的《最后的晚餐》一样。

要知道，回归总在走动中的生活不会让他开心，因为画画的念头一直没有出现。就算有，也只是间歇性的。而且这取决于画的是什么，为谁而画。曼托瓦女公爵的肖像还停留在草图阶段，之后再无进展。他重新开始了关于鸟类飞行、昆虫、解剖的研究。这是他从来都没有放弃的。而且他与住在圣马可的朋友卢卡·帕乔利重逢了，他们又投入了数学游戏中。

行走，行走……

从曼托瓦到威尼斯的旅程让他重新捡回了兴致。"起码去过一次监狱"，玛格丽特·尤瑟纳尔①后来说道。列奥纳多满足于在意大利各处的旅行。可能是同样的好奇心，同样的渴望，对知识同样的贪婪促成了他和帕乔利的旅行。

列奥纳多一生中唯一一次差点儿就体验到无聊这种感觉了。幸运的是，他的新朋友马基雅弗利理解他，提议他到"前线"，到战场去，在那里他终于可以运用他的军事天赋来争取和平！

---

① 玛格丽特·尤瑟纳尔（Marguerite Yourcenar, 1903—1987），法国作家。

如果我们能肯定,列奥纳多曾有将近一年的时间(据最新的研究为十个月)为恺撒·波吉亚效力,那么他彼时的身份却不甚清楚。是瓦伦蒂诺公爵①跟前的佛罗伦萨大使,还是听从马基雅弗利或领主命令的间谍?谁能给出一个肯定的答案?时至今日,这个"淳朴"的人身上还是有层层疑云。然而列奥纳多与天真汉没有任何共同点。他只有让世人赞叹的天赋。这个尽管聪明却疯狂的惹是生非者,却要冒着生命的危险引起整个意大利的恐慌,这肯定需要有足以让人信服的强烈动机。或者他只是出于单纯的好奇心?在他身上,一切都有可能。

列奥纳多,恺撒·波吉亚麾下的工程师

1502 年 5 月,马基雅弗利秘密组织了几次商议,随后列奥纳多开始作为军事工程师为波吉亚效力。

在没有萨莱的陪同下,列奥纳多离开了佛罗伦萨,这是他把萨莱收为学徒后第一次独自行动。他在"小册子"里记载道:"当你孤身一人时候,你只能依靠自己……"[6]

在波吉亚那里,他忽然成了一个重要人物。他实现了二十年前就萦绕在他心头的梦想,在他还在为卢多维科·斯福尔扎工作的时候就有的梦想。他这时五十岁,确实已经衰老了,但若是骑在马上颠簸一整天他仍然没有问题,他一直精力旺盛。他的健康状况从来没掉过链子,他甚至从来没生过病。年龄雕刻了他的面庞,加深了他的皱纹,他的额头变得光秃秃,眼睛没有了神采,头发

① 恺撒·波吉亚的头衔。

也白了，几乎看不到曾有的美丽金棕色的影子了。伦敦那幅普雷迪斯画的画像如实为我们展示了年龄是怎么改变他的面容的。他眼中炽热的表情让人吃惊，同时他的眼睛表现出他内心的泰然安详。他整个人因此都被照亮了。他的脸上带有智慧，带有我们通常用来称赞内行人的善良。不过那属于他的炽热，与他的智慧没有关系。列奥纳多惊叹于波吉亚的勇气和军事天才，他不仅追随他，并且帮助他，给他当助手，为他发明新的战术。列奥纳多为能参与到波吉亚的征战中而感到高兴。

列奥纳多知道，"人类最大的错误就在他们看待事情的观点中"[7]。所以他只有一个想法：抓住波吉亚现象的起因。波吉亚向他的新朋友、新工程师坦言道，他的秘密梦想之一就是让正义、真理和博爱获胜，不需要道德主义。列奥纳多相信他，他有点把自己当成了试图转变暴君狄奥尼西奥斯一世的柏拉图，或者是对亚历山大大帝施加影响的亚里士多德。他梦想着能够左右波吉亚的决定。为什么不呢？我们今天可以试想一下，我们通过历史学家形成的对波吉亚家族的印象难道就真的没有被稍微篡改过吗？尤其是这位吸引了列奥纳多的恺撒·波吉亚。当谈到口号"城堡间是战争，茅屋间是和平"时，人们的境遇真的已经差到这个地步了吗，尤其是在那个时代？

当列奥纳多加入其阵营时，恺撒·波吉亚二十七岁。他的头发是金棕色的，就像曾经列奥纳多的头发一样，是典型的威尼斯金发。他的眼神强烈，散发着忧郁、温柔与残酷，总能引人谈论；还有贪婪的嘴唇，鼻孔很宽的坚挺的鼻子。近似于红棕色的威尼斯金色山羊胡衬得他脸色苍白。没有一点西班牙人的影子。但是在温柔的脸色下

又藏着不安的神情。

众人皆知他晚上八点起床，大多数情况下和女人在一起工作和消遣。他说自己不是骑在马背上就是躺在床上。近距离和他接触过的人都说他风度翩翩，性格出众，充满愉悦。那些害怕他的人会补充道：丝毫不受道德的约束，也从不抱有偏见，智慧超群，明白自身的价值。为获得荣耀坚决果断，很少会考虑泛泛之辈的选择。我们也说他毫无慈悲之心。

如果想更好地理解为什么他在短时间之内就取得了巨大成功，我们就要回忆起他那通过龌龊手段当选教皇的父亲了，但教皇终究是教皇。恺撒受教皇委托去收复几个被小领主非法窃取的教皇国①。他只用了三年就将领土所有权交还给了身为教皇的他父亲的手中。

更不要提他的间谍身份这回事，恺撒委托列奥纳多负责给他收集情报，我们可以认为这是私密情报。他绘制了一张阿雷佐的地图，上面以最新的精确度指出城市与要塞之间的距离，以及针对军事目的档案和适用于恺撒·波吉亚和他的雇佣兵队长们刚刚开创的"闪电战"策略的所有战略要素。实际上，列奥纳多画出了那个时代最早期的详细参谋用地图。

在意大利各地，紧张气氛加剧，战役相继而来，而恺撒打赢了每一战，他得到了极大的满足感。不用细数他到底取得了几场胜利，就只说他仅在几个月的时间内用几乎一次行动就攻占了整个罗马涅和佛罗伦萨几个力量不容小觑的城市。

---

① 当教皇领地从阿维尼翁迁回罗马以来，还没有人能收复这些地方。

列奥纳多着迷于战争艺术和施行战术的军人,他已经忘了绘画和他在佛罗伦萨受到的屈辱。

当佛罗伦萨和意大利其他邦国正集中对付瓦尔迪时阿纳的时候,1502 年 6 月 23 日晚上,波吉亚出其不意地夺取了乌尔比诺。他让列奥纳多留在那里绘制战略地图。波吉亚不在,他的几个过于忠诚的手下不让列奥纳多进入堡垒绘制地图。波吉亚知道这件事后大发怒火,让送消息的人带回去一个安全通行证,在这上面他任命列奥纳多为"总工程建筑师,对目前和未来所有军事系统具有一切权力的总监"[8]……从来没有人曾赋予他如此重任和如此尊贵的头衔,甚至连卢多维科·斯福尔扎也没有。列奥纳多斗志昂扬,心满意足。

8 月 8 日,列奥纳多来到里米尼。他参观马特泰斯塔的宫殿时被一处喷泉所吸引,这激发了他对喷泉音乐的灵感:通过调节喷水柱到一个精确的高度,我们可以得到不同的声音。他用这个方法点缀了后来他组织的所有庆典。两天后,他"到了切塞纳,及时赶上了圣洛伦佐博览会"[9],他在"小册子"里这样详细写道。

他一直作为"我们的非常有能力、非常受爱戴的亲人、建筑师和总工程师"[10]服务于充满着雇佣兵和队长的恺撒的宫廷。他行动自由,想去看什么、测量什么尽管去就可以。公爵命令人们向他提供他需要的所有帮助,其他工程师都要与他商谈,服从于他的意见。

冬天在乌尔比诺短暂停留期间,列奥纳多晚上经常与恺撒和赶来与他们会合的马基雅弗利讨论。随后他又借助琐罗亚斯德发明并特地为他校准的圆周测角器,重新开始研究测量平面学来计算恺撒攻占的城市的面积。

琐罗亚斯德也为他发明了他之后再也离不开的眼镜。没有眼镜的话,他的老花眼会阻碍他继续艺术之路。多亏了被纠正后的视力,列奥纳多完成了第一幅现代城市地图,这是他设想人文主义城市的成果。他终于从理想城市的乌托邦转向了城市化前景下已存在的居民区的具体研究,他将领土内每个城市的所有因素和关联性都考虑在内。在将来他更是绘制出了前所未有的精确平面图和他那个时代最早的地形图。

恺撒一直都知道应该与仇视贵族的人民保持距离,他禁止士兵抢劫:不要从别人的痛苦中获得战利品。被研究那个时期的编年史作家指出的这一点,确实让人惊讶。他甚至当众将两个没有遵守命令的士兵处以绞刑。在报仇时毫不手软,但他终归是一个有良心的人。他就这样得到了 popolo minuto,即少数人士、下层人民的认可。尽管他是一个征服者,但他深受欢迎!

列奥纳多和恺撒两人天生就应该是相识的,甚至是相互欣赏、相互认可、相互喜欢的。恺撒觉得终于遇到了一个和他相当的智者。列奥纳多则为恺撒和他的战争艺术着迷……尽管如此……在不到一年的时间里,他走遍了意大利所有的道路,既没有为他的艺术和研究带来一点帮助,也没有改善他的经济状况。但是,他已经上年纪了,他开始感到岁月不饶人了。

在攻克塞尼加利亚后,本来再一次与他们会合的马基雅弗利被召唤到了佛罗伦萨。领主是个聪明人,他担心马基雅弗利对恺撒会有太多好感。他的担心是正确的。事实上,马基雅弗利《君主论》中人物的灵感来源正是恺撒。

哎!1503 年 3 月,局势转变了。教皇有了将要不久

于人世的最早迹象。然后他就死了，人们猜测他是被毒死的，因为在所谓的"波吉亚年代"这是罗马最常见的死亡原因。

这位教皇首先是他宠爱的女儿卢克雷齐娅①和恺撒的父亲、保护人。没有了保护人，恺撒还能庇护谁呢？列奥纳多开始怀疑，他害怕了。恺撒赶到罗马照顾他将死的父亲，安排遗产。他们在锡耶纳中途停留，列奥纳多趁恺撒不在时改道，匆匆忙忙躲着所有人溜走了。他熟知他的家乡托斯卡纳，于是夜间朝佛罗伦萨的方向骑行。和其他人一样，在倾慕恺撒之后，他开始害怕他了。他的"逃跑"很有可能发生于1503年3月的前几天。我们推测他是在1502年5月加入恺撒的阵营。因此，这是在将近一年同谋后的逃跑，或者说得严重一些，背弃。

原地打转

一年前离开的时候，他把他的东西留在了佛罗伦萨圣母领报大教堂的工作室，书、草图、乐器、他的《圣安妮》……回来的时候，他确信自己很快又要被驱逐了。圣玛利亚会的修士不愿意继续毫无回报地供应他的需求。拖着疲惫且极度衰老的身躯刚一回来，他就又要离开了。但是去哪儿呢……

他度过了一段非常迷茫的时期。所以他在他的"小册子"里写道："六苏就可以让我去算命了。"[11]简直令人无

---

① 人们经常说她也是她教皇父亲或者她哥哥恺撒的情人。此外恺撒还杀死了他妹妹所有的情人，包括她丈夫，甚至还有他们的哥哥，教皇的另一个儿子，很可能也是最受喜欢的一个儿子！

法置信！如此严谨的军事工程师，被同行所认可的科学家，熟读阿基米德和欧几里得的人，对，就是这个列奥纳多，坚决反对一切迷信的列奥纳多竟然愿意花六苏去预言他的未来，一个最为迷茫的未来。他的绝望竟是如此之深……

在米兰，列奥纳多习惯了比在佛罗伦萨更大手大脚地生活，但是他的情况并不允许，即使他努力去维持，他还是给他的同胞留下了轻浮放肆的印象。"他几乎一点钱都没有，工作也不规律，但他身边一直都留着他很喜欢的仆人和马。"瓦萨里在他的《艺苑名人传》中责备道。领主也并没有比那些把他赶走的圣玛利亚会修士更宽容。领主越来越把他看作可疑分子，或者说是叛徒。

列奥纳多害怕了，来自波吉亚报复的威胁盘旋在他上空。总之，列奥纳多放弃了。他知道通常恺撒是怎么看待潜逃的：很糟糕。他也知道恺撒是怎么惩罚那些背叛他的人：用死亡。列奥纳多要想尽一切办法让人们遗忘他。显然，为了使人们忘掉他，完成他所有的委托订单并不合适。于是他又从他在新圣玛利亚医院存的钱里取了一些出来养活他这一家子。

萨　莱

在列奥纳多养活的这一小群人中，我们总能发现萨莱。他这种情况我们还能说他是一个学生吗？他们之间的关系很奇怪。这种关系是热情的，不明确的，不平等的，犹豫的，冲突的，滋扰到群体里的其他人的。列奥纳多表现得犹如一个纵容的父亲，又如一个想保持一定权

威的人,但是尤其像一个被回绝的爱人,一直给予却没有得到回应,满足他……孩子?爱人?的一切任性。每次犯错后,频繁的争吵后,都会跟随着无休止的说教,其他的学生即使是无辜的,也会被严厉地斥责。这些争吵过后必然有一段努力维持的和睦时期。在分配面包这点上,列奥纳多依然表现着他的偏心。萨莱偷面包,列奥纳多看到却什么也不说他。其他人都要付生活费,要像他们的主人一样有节制地吃东西,而贪吃的萨莱却能够随便大吃大喝。

"小册子"上罗列的生活必需品清单得以重现当时工坊的食谱。食物很健康,远远没有文艺复兴时期宫廷菜肴那么精细,更符合列奥纳多出身农村的身份:面包、黄油、汤、乳清干酪、生菜及各种各样的野菜、新鲜的蚕豆、小豌豆、糠、甜橙子和其他水果。还有酒可以一醉方休,有肉和香肠来满足喜欢肉食的人!终其一生,列奥纳多都是一个严格的素食主义者,琐罗亚斯德也是;至于阿塔兰忒,他像鸟一样觅食,为了和鸟飞得一样高。其他人就可以吃他们想吃的食物。在米兰的时候,列奥纳多从佛罗伦萨请了一位女厨师,她可以做托斯卡纳地区很实在的乡间家常菜。工坊里的成员大多都很年轻,因此列奥纳多还考虑到了他们的成长和年轻人疯了一般的胃口。他的清单里还经常提到剃须匠的到来。列奥纳多一生都很注意照顾自己,包括外表和穿着。过了五十岁之后,他依然仔细刮胡子,脸旁簇拥着厚厚的快速变白的头发,盖过了他为了显得年轻而染的金色头发。所有画像里给他安上的著名的长胡子是后来才有的。"这是一个体型匀称,优雅,外表出众的美丽的人。他穿着直到膝盖的淡粉

色无袖披肩，因为那个时代的衣服都很长。他有一头打理得很好的漂亮卷发，一直垂到胸前。"无名氏加迪亚诺记载道①。这位让佛罗伦萨男女老少都回头的漂亮年轻人已经变成了一个出色的人，在他这个年纪焕发着光彩，卓越非凡。不用怀疑他并不喜欢无人关注，起码那个时候还不是。

在佛罗伦萨，他的朋友波提切利仍然很受欢迎。列奥纳多很高兴重新见到他。在他们之间，艺术上的交锋越激烈，越丰富，他们的友谊就越牢固。波提切利很快就看出了列奥纳多的困顿处境，即使列奥纳多一点都没有表现出来。波提切利这时比较富裕，手中有更好的委托订单（即使他结局凄凉），他把他认识的所有大人物都介绍给了列奥纳多。列奥纳多与这些佛罗伦萨权贵中最优秀的一个，洛伦佐的侄子，很合得来。在托斯卡纳语中他们还是同名。"伟大的洛伦佐"要求人们用拉丁语里叫他的名字，Laurenti di Medicii。他的侄子，洛伦佐·迪·皮耶尔弗兰切斯科·德·美第奇，自从美第奇家族衰落之后，让人们叫他 popolano②，意思是来自民众中的人。他热衷于科学和地理，是亚美利哥·韦斯普奇的朋友，并给予他无条件的支持，而且他为亚美利哥的首次航行提供了一部分资助。洛伦佐很快就明白了列奥纳多的处境，

---

① 安德烈·沙斯特尔在《绘画论》中引用道。无名氏加迪亚诺是列奥纳多同时代的传记作者，甚至可以说是列奥纳多的顶级圣徒传记作者，他是第一个写列奥纳多的人。至少他有幸认识了列奥纳多，与他来往，仰慕他，即使他美化了他的回忆。

② 为了尽可能使人们遗忘美第奇这个姓氏所积累的坏名声，尤其是为了能更好地将城邦占为己有，甚至把城池卖给敌人的最后一代美第奇。民众知道之后唾弃并粗暴地驱逐了最后的美第奇领主。

并支持他离开圣母领报大教堂到圣十字区的修道院,他把科西莫·德·美第奇和尼科洛·尼科利数量巨大的藏书放在了那里。在那里列奥纳多有了一个更大的住所,他终于得以把他所有的东西,他所有的学生等聚集在一起,还有他的作品,他的动物……

在这个时期,列奥纳多发明了一项新技术,他可以利用油灯投射巨大的影子。这是魔法师使用的技巧,但对于他继续关于光和影的研究却很重要。这项技术叫"火丁"(lucerna),是列奥纳多以后会大量使用的一项技术。

做什么?

重新回到了托斯卡纳,他参观了当时的各家工作室。在他眼中,确实只有波提切利有天赋,但他只在"小册子"里悄悄坦诚过。这里没有一个人可以低估他的同行们。不,他还是有透露过一件事,而且他建议对这件事多多注意,就是艺术家会在创作的肖像画中模仿自己的脸部线条。他揭示了所有画家都倾向于以自己为模型画同一种人型的嗜好。他认为每个人都该小心注意这个自然倾向,在他看来,这个倾向是"灵魂隐秘机制的结果:这种力量使得我们在形成自己的判断之前就决定了评判标准。灵魂适应了它所居住的外在形体,并趋向于使此形体的形象永存。所以要仔细观察人的主观意识"[12]。

列奥纳多一直没工作。领主不信任他。任何订单都无法激发他的创造力。那么重新完成他以前的订单呢?他心思不在这上面,即使他的工作室已经非常窘迫,面临

吃饭的问题,他也不再动手重拾以前的工作。他梦想着其他的事情。那段他跟随着本时代最伟大的征服者的时期打开了他的胃口。他梦想着其他的风景,甚至是另外的世界。

他像每个在意大利的人一样,得知东方的新苏丹巴耶济德二世想要装饰他的宫廷。因此 7 月 13 日他给苏丹写了一封信,他将信交给一个方济各会修士(职位类似于拜占庭的热那亚官员),请他把信翻译成土耳其文好给苏丹看。登记簿上详细写道:"由一名叫做列奥纳多的非基督教徒写的信,他从热那亚出发,将在四个月后到达君士坦丁堡。"列奥纳多是以个人名义给苏丹写信,并宣称自己是"仆人和奴隶"[13],很传统的格式,可能是由热那亚官员建议的(!)。他告知苏丹他准备了一项风车的计划,一项船舱抽水泵的计划。和意大利的所有艺术家一样,列奥纳多知道苏丹想要建造一座桥连接卡拉柯伊和黄金角。所以他也提交了在博斯普鲁斯海峡上建桥的计划,跨度 660 米,下面可以让扬帆的船只毫无障碍地通过。列奥纳多又继续夸大了,现在已经不仅仅是苏丹设想的简单通向黄金角的桥,列奥纳多提出了他更丰富的想象:一座联结东方和西方的桥梁。别出心裁!

太过大胆,太过奇特,同时作为敌方的提议来说,又太过完善。如果我们再寻找些其他的证据,这是证明他是间谍的一个好证据!苏丹觉得自己在跟一个寻求异国情调和快速收益的投机家打交道。但是列奥纳多的一份手稿展现了他确实有进行很精确的计算。他期待着正面的回应,并且已经打算开始学习基础的土耳其语了。他绝对不是唯一一个心怀东方梦的人。米开朗琪罗也曾经

向苏丹提议过,但是没有结果。如果苏丹想雇几个意大利工匠的话,他绝对不会任用大名鼎鼎的人。

在波吉亚身边长时间的逗留,为了赢得战争完成的一系列壮举的消息,尤其是创造了可移动的桥,还有马基雅弗利对他的溢美之词(马基雅弗利那时已是波吉亚的副手),都提升了列奥纳多在佛罗伦萨的声望。多亏了恺撒对他的看重和赞赏,人们开始严肃看待他作为工程师的天赋。最终,城邦决定利用他的想象力来对抗比萨。马基雅弗利说服索代里尼派他去考察阿诺河从佛罗伦萨到比萨这一段怎样才能通航。列奥纳多立刻设计了一条从维科到里窝那的运河,而人们直到一个世纪后才严格按照他的图纸动工修建。他的契约上没有列出来的是这项计划的秘密目的:切断比萨与外界的一切联系。利用一些巨大的洞穴和开凿的运河使阿诺河改道,来孤立总是要脱离佛罗伦萨的比萨!河流改道让列奥纳多一下子解决了两个问题:他调整了阿诺河不适时的涨水,又通过这条航道疏通了总是充满危险的陆上商路。微薄的收益是次要的,真正的目的隐藏在完全的冒险中,这个计划让宿敌比萨失去了所有通向大海的道路。他的结论让所有人惊讶,提案最终通过,虽然只有一部分。工地搭建起来了。高兴的列奥纳多去监督工程的实施。两千劳动力被用来挖凿洞穴,一切都向好的方向发展。

在修建运河、开始这项巨大工程之前,他发明了对于项目的实施很必要的工具。新型的十字镐和新型的铁锹,比当时的工具更符合人类工程学,还有闻所未闻的树立栅栏,嵌填船缝的方法……完全按照他自己的风格和想象,他发明的时候并没有好好计算,也没有改正他计算

时的小错误,直到在水准测量时出现一个巨大的差错,而列奥纳多或多或少要对此负责······一个错误,对他来说其实从来不重要,错误总是可以补救的。关键是要找到可以挽回的方法。是机器的问题吗?我们可以发明一台新的!一切都可以重新开始。但在纸上。

但是如此轻浮与放肆不可避免地让人感到恼火。列奥纳多可是用民众的钱来改正他的错误。人们计算过,如果这项工程一直进行到最后,它就会成为一个真正的砸钱无底洞。而且现在不是时候,银行都是空的。列奥纳多的过分又一次震惊了世人。就像一直以来一样,当新事物引起人们害怕的时候,它的发明者就会显得很可疑。花钱的索代里尼开始抗拒了。他白白梦想着模仿科西莫·德·美第奇,而且洛伦佐不想要毫无理由地花钱。就是这位科西莫对于菲利波·利皮的出走和荒唐大体上说过这样一段话:"给他留一扇门,天才是圣人不是骡子。我们既不该把他们关起来,也不该强迫他们工作。"列奥纳多还没有遇到他的科西莫,而他已经五十多岁了······他很疲惫。他还是得从他的积蓄里拿钱养活他的人。50弗罗林金币,又是 50 弗罗林金币······他很快就没有钱可拿了。

在他这个年龄,列奥纳多觉得自己已经体会到了与生存交织而来的斗争、难关和失望,体会到了艺术家的不安,还有作为靠才智工作的人的苦涩。然而他还没有到他痛苦的尽头。他不看重财富,他只是想让人们信任他,给他一点时间,给他一些去生存和探寻的方法······

非常尊重列奥纳多的公众们却很惊讶,人们竟然从来不将一些重要的工程交付给他。民众们的呼声促使佛

罗伦萨的管理者更多更好地去任用他。事实上,是马基雅弗利在背后暗中谋划来达到这个目的的。但是即使是为了结束一场战争,一场列奥纳多密切关注的战争,人们也并不想要这么一项规模巨大的工程,所以他只好通过绘画来展现战争。

佛罗伦萨不能永远都跟这个时代最伟大的天才赌气,马基雅弗利抱怨道。如果人们以他的疯癫和他可能是间谍的怀疑为借口而否认作为工程师的他,那么人们对于作为画家的他就无可指摘了。没有人会否认他的家乡与米兰为敌这个事实,米兰因为《最后的晚餐》而出名,并拥有一幅同样规模的达·芬奇作品。佛罗伦萨却一件列奥纳多的作品都没有,是时候来补救这个遗憾了。

《安吉亚里之战》

阿道夫·文图里是这样描写这幅为市政议会大厅而作的非凡的《安吉亚里之战》(后文简称《战役》),而今天的我们却再也无缘得见:

> 列奥纳多想要用骚动的力量来展现被混乱分子所统治的混战中的人的恨与斗争。它展现了一群恐怖的人像,混杂在一起的人物很小,就像浪花中的泡沫一样;中间是几匹像是因为地雷毫无预兆地爆炸而被投掷出来的马。人和马都呈现出痉挛,扭曲的姿态,像蛇一样缠绕着,被狂热的愤怒因子促使着挤在一起……
>
> 之后再来研究一下仰着头小跑着,跳跃着,咬着马衔的马,或者跳上正向前冲的战马的年轻男人,一

个卷入由于奔跑而扬起的灰尘旋涡中的骑兵……[14]

让我们回到现实。由马基雅弗利在场下于 1504 年 5 月 4 日签订的契约给了列奥纳多 35 弗罗林金币的预付款，在最后结算的时候会扣除。每个月他将会收到 15 弗罗林金币来完成他的大草图，附加条款是必须在 1505 年 2 月底前完成任务。如果到这个日期时，列奥纳多已经将草图的一部分画在墙上了，那么契约将会继续，人们也会继续报销他的花费……

列奥纳多从来没有被交予这样一项有利的工作。10 月 18 日，他得以再次进入了佛罗伦萨画家行会。这是他想要在佛罗伦萨定居的证据！马基雅弗利赢了。

列奥纳多要求住在施工现场。人们一开始着手进行这项工程，他就和他的人一起在那里安顿了下来。10 月 24 日，人们又给了他新圣玛利亚修道院教皇厅和旁边一些地方的钥匙。他多了一间工作室和几间用来居住的屋子，还收拾了一个很大的空间在里面安静地准备他的草图。一间私人用的工作室。

自此开始了一段漫长的创作期，这段创作期见证了一堆堆要处理的文件，给合伙人和供应商的付款，还有数量众多的备选图案。但是当他的草图完成时，他不能开始画了，他也身不由己。教皇厅年久失修，屋顶和窗户都已经不能用了……天还下着雨。12 月 16 日，领主决定修缮房顶好让列奥纳多能在那里工作。所有这些都要花很多很多时间。所以这一次，被耽搁的工作不能怪列奥纳多了。他直到 2 月 28 日才收到一些翻修窗子和门必需的木材和绳子，还有他自己设计的移动脚手架，这才使他能开始画壁画。

当列奥纳多交付作品的时候,让我们回忆一下《安吉亚里之战》壁画的尺寸。整幅画宽 18.8 米,高 8 米。

被派来修屋顶的建筑工人在教皇厅和列奥纳多用来当作私人空间的中间地带开辟了一条通道,这样列奥纳多就可以自由地往来了。

为了搜集关于这场战役的资料,列奥纳多听马基雅弗利"编造"了一个美丽的传说。或者说是一个血腥故事,故事中战争最激烈之时,圣皮埃尔竟然亲自出现了!马基雅弗利的讲述与历史事实相差甚远。在安吉亚里战役中,只有一人死亡,而且是一名坠马而死的骑兵。整场战役完全没有什么伟大可言。同样列奥纳多想要赋予这幅壁画的,是他自己关于这场战役的想法。他"小册子"里的研究证明了这一点。

他专心于他的草图,画出了被最残暴的感情所苦的人的形象,画出了最残酷的杀戮。他还展现了在一匹马的脑海中,在一只被死亡惊吓到的动物眼中,它所看到的人性。除了运用透视法中的缩短原理外,躯体似乎堆积在地上,他选择画寓意性的细节,这给了他画中人物的神态很大的自由……他的创作中有了深奥的伟大含义。这让所有人惊讶,人们能做的只有钦佩。他的同时代人看到了列奥纳多对战争的控诉吗?这又有什么重要的?总之……他的大胆获得了成功。不管是在他的作品里还是在生活里,他总是喜欢冒险。他是自己艺术的主人,他给这场战役赋予了自如,热情和活力。

为了使他的创作能尽量还原相似的动荡不安,他的众多草图尝试过不同的人和马的各种组合。画中央,两个骑在马上的人攻击着另外两个身体已经被缚带饰勒得

扭曲的人。面目毁损的人一个躺在另一个身上，有落马的，有已经死了的。这些扭曲的裸露躯体给人一种震撼感。列奥纳多习惯先把画中的人物画为裸体，等到快结束的时候才给他们画上衣服，使他们衣服的下摆看起来更合身。另一张草图上画着一条河，桥上也进行着激烈的战斗。一组骑兵展示着他们在米兰学习的驯马的方法：上仰、小跑、落地、跳跃、撕咬、像人一样战斗。"巨马"的教训还是有收获的，使得列奥纳多的画看起来格外逼真。不管是人还是马都通过可怕的畸形表现出了这世上所有的残酷。看起来既残忍又不乏雄壮。

和他在圣母领报大教堂的《圣安妮》一样，这幅草图激起了所有人的痴迷。就像《圣安妮》一样，人们建议列奥纳多开放教皇厅给那些想要一睹他的《战役》草图的人。朋友、敌手……佛罗伦萨人……蜂拥而至的艺术家们是不会自己骗自己的，也多亏了他们我们才能知晓关于这幅著名的《安吉亚里之战》的一些事情。拉斐尔，安德烈亚·德尔·萨尔托，索多玛（画家乔瓦尼·巴齐的化名），洛伦佐·迪·克雷迪，他们所有人都再现过他们对这幅画的印象，就连鲁本斯也模仿过壁画中间那一组人物……在被瓦萨里嫉妒的画笔损毁之前谁没有模仿过《战役》！

即使过于敏感的米开朗琪罗也偷偷地模仿过《战役》的某些部分……在画仰起头的马或小跑的马时，他经常会这么做。

虽然可能人们很少予以他订单，但是所有人都认识他，每个人都对列奥纳多有一个看法。他的名气是实实在在的，即便他的名气什么也没给他带来。但是在这个

时候,他需要钱更甚于认可。所以他必须尽快完成这幅极度令他忧心的"湿壁画",而且在这么大面积的墙上作画他必须"不后悔①"。

他装好了用于把草图复制到墙上的工具。在开始之前,他又涂了一层灰墁,让墙变得非常干净又光滑。他决定使用一项创新性的技术——他首先在墙面和小样板上试验了一下,行得通。他拒绝"湿壁画",即直接将颜料涂在未干的灰浆上。他将重现由老普林尼提倡的叫做"上光蜡"的技术。他找不到更先进的了!这个过程借鉴了画干胶画的方法。列奥纳多没有忘记,在米兰,他的《最后的晚餐》受到了作为蛋胶画的耻辱。他不想再冒这个风险了。他想让他的画永远留在这面墙上。面对这么大规模的一幅作品,同时也是一个这么大的挑战,难道不更应该使用"上色"技术吗?波提切利隐隐约约看到了将要来临的灾难,他试图让列奥纳多回归简单。但是列奥纳多固执己见。他抱着大发明家怀有的初生的喜悦准备着他的工作。

他满怀热情地准备着,直到被他认为是"灾难"的那一天来临,他在"小册子"里用不能更精确的词来描绘道:"6月6日,星期五,当钟楼的钟敲响第十三下时,我开始作画。但是正要画下第一笔时,天气变坏,警钟声响起召唤人们聚集。草图被撕坏,人们拿着的水壶裂开了,里面的水全洒了,草图就被浸湿了。天气突然变糟,倾盆大雨

---

① "湿壁画",就是要在未干的底子上直接上色,之后没有重来或修改的可能。这种速干性使得只能白天在墙上作画;因此有了另外一个名字:白天的画(giornate)。与称之为干壁画(a secco)的画相比,在良好的空气环境中,湿壁画能够保存得更好。

一直下到了晚上，我们都说早就已经晚上了，因为天色是如此昏暗。草图从墙上脱落了……"[15]列奥纳多要把一切回归原位，甚至要重建。但是他继续固执己见，他让人把其他颜料，底料，蜡都拿走……因为第一次的成果令人很失望，他这次要抛弃所有宿命的想法，尝试一些别的事情，不在这样一个挑战面前退缩，要让人惊讶，要成功，要战胜敌人……

瓦萨里对此说了什么呢？"列奥纳多放弃了蛋胶画技术转而采用他习惯了用蒸馏器来精制的油画。就是因为这个方法的原因，几乎他所有的壁画都从墙上脱落下来了，《安吉亚里之战》《最后的晚餐》……因为他所使用的底料而被损坏。然而他也没有斤斤计较。600磅的石膏，90升的松香，11磅的亚麻仁油……"他又更换了一批颜料，因为他觉得质量不好，画第一笔时就觉得不对。我们今天可以得知老普林尼提倡的粉刷层是导致他壁画毁坏的第一罪人。[16]

与米开朗琪罗之战

造成的悲剧是，在此期间列奥纳多不再是唯一一个在议会大厅的墙壁上画画的人了。

1505年，米开朗琪罗接到画《卡辛那之战》的委托，就在同一个厅对面的墙上。带着杀手般的热忱，他立刻就开始了工作。他讨厌代表着完全与他相反的列奥纳多。他吝啬，而列奥纳多花销巨大。他内向，而列奥纳多总是带来有时显得些许刻意的，但却是真诚的愉快。列奥纳多身边总是围绕着漂亮的小伙子，而米开朗琪罗却是出

名的丑陋,就如他自己说的,他是"唯一一个像刽子手的人"。

在油画上,他想要比列奥纳多这个著名的半途而废者做得更好,但是看到列奥纳多的工作后他嫉妒到发狂。晚了一年来到议会大厅,他准备"堵上两个出口",排挤他的敌手,如果可能的话取代他的位置,至少是在油画方面。因为首先作为一名雕塑家,油画方面的首席地位让其他人占领对于米开朗琪罗是不可接受的。

米开朗琪罗《大卫》的放置

1504 年,当这两场战役在墙壁上面对面地进行时,领主召集了佛罗伦萨所有有威望的艺术家来选定米开朗琪罗的作品《大卫》最好的放置地点。当然,列奥纳多在,利皮、波提切利也在,还有托斯卡纳所有的天才,以及当时只是在托斯卡纳停留的艺术家……非常明智地,列奥纳多站在了多数人赞同的那一边,为了让它免受恶劣天气的影响,他们主张把这块无与伦比的大理石放在佣兵凉廊下。米开朗琪罗只想占据中心位置,取代多那太罗的《朱迪思和荷罗孚尼》! 他都不注意保护他雕塑的白色以防变色。非常反常地,他只指责列奥纳多一个人因为嫉妒想要把他的《大卫》藏在凉廊下。他说服了索代里尼,后者一直都支持他的意见,因为米开朗琪罗强烈地吸引了他,米开朗琪罗的怒火会使他害怕。他的支持者们以为赢了列奥纳多,忽然开始高兴起来,而列奥纳多只是站在了多数人一边……被不好惹的米开朗琪罗当众辱骂,列奥纳多也只是在"小册子"上写道:"面对辱骂时的耐心

和对抗寒冷的衣服起同样的作用——如果感到越来越冷的话,你就要穿上更多的衣服。"[17]这就是我们今天所说的他用来抵抗米开朗琪罗恶意的非暴力方式。

两年后

他们分别回到了自己的《战役》。两年勤奋的工作后列奥纳多的作品到达什么程度了呢?即使最后一年里米开朗琪罗总是出现在他旁边,还一直抱怨大厅里的臭气,迫使他不得不按照并不适合他的作息工作……但是列奥纳多没有在用料上妥协使他的画从墙上被"剥夺"下来,至少他没有尝试过退缩,而米开朗琪罗却不断挑战他的礼貌,早于列奥纳多完成他的工作……

起码我们可以说,结果并没有达到他的期望值。也没有达到他草图想要表现的效果……

更严重的是,就连列奥纳多都自认为配不上自己的判断。他在"小册子"里清楚地写道:

> 对我来说,最糟糕的是我自己都觉得不够好,令自己失望……当一个画家认为自己的作品刚刚好,这是一个不好的信号。当作品好于自己能够认可的水准时,这更糟,比如某个人惊讶于自己竟然能做得这么好。而作品低于自己认可的水准时,这是一个完美的信号,如果作者还很年轻的话,带着这样的思想状况,他肯定会成为出色的大师的。他鲜有作品,但是每幅都是上乘之作,人们都会惊异于他作品的完美。[18]

他所有最奇特的用料试验最终都毁了他的画。他为

127

了挽回局面所做的尝试可能更糟了。他用的方法不能更冒险了：为了使颜料快速变干,他在壁画下面放了取暖用的火盆。米开朗琪罗的抱怨也是有理有据的。他依据老普林尼的方法耐心完成的底子从墙上流了下来,就像雨后的妆容,在太阳下熔化的蜡膜……

他在夏天来临前开始画,中间经历了在佛罗伦萨经常降临的酷暑。颜料的干燥比冬天快很多,尤其是在这么大的一个空间内。列奥纳多使他的委托人相信他的耽搁只是因为技术上的故障,他的委托人还帮忙补救,因为他只看草图就认定那定是一幅新颖的杰作。他让人用木框把壁画围住,答应送来新的底料……新的蜡……终于最后什么也做不了了……好像已经在这场"战役"中落败……

当他发现填补白浆的面积之大,以及无法修补部分的样子和《最后的晚餐》一模一样,列奥纳多就从"战役"中脱身出来,回到了他热爱的研究中,帕乔利和琐罗亚斯德时不时在他身边。他远离了他的壁画和米开朗琪罗。

如果要得到能提高这幅《战役》质量的新主意,鲁本斯的想法无疑是最忠实于原稿,也是最有才华的。

在等壁画干燥起来的期间,也可能再也不会干了,从3月到4月,列奥纳多在菲耶索莱重新开始研究人类飞行。列奥纳多太精明了,都不屑于去猜测索代里尼的敌意。他忘了,列奥纳多有萨莱总是来往于社会底层给他带来每天的流言蜚语,关于人们到处传播的关于他名誉的话。

列奥纳多于1505年4月最后一次回到佛罗伦萨,而那时米开朗琪罗离开了这座城市。他雇用了新的帮手,

其中有著名的琐罗亚斯德,他是画家、锻工、故弄玄虚的人,而在那个时期则被称为占星家。他自从沙特瑞里事件后就变了一个样子。高大,身材匀称,脸呈黄褐色,表情充满活力,目光敏锐,留着黑色的长胡子,对列奥纳多怀着永不消灭的忠诚。一到达那里,琐罗亚斯德就明白了,在《战役》中有什么东西在抵抗着。

时间已不再允许艺术家们任性了。这个时期在政治上是一个很棘手的时期。美第奇家族的归来带来的不只是欢欣鼓舞。1505年春天之后,米开朗琪罗逃到了罗马。他也没有完成他的工作。考虑到他与美第奇的友谊,他又一次成了众矢之的。因为他不在,人们没有办法直接指责他,于是闹事者们摧毁了他的草图。

佛罗伦萨展现的不再是一个文化之都的景观,它不再是政治生活的中心。罗马把它的辉煌都抢了过去,而且新一任教皇给了罗马一笔非常阔绰的资助,这是佛罗伦萨从来都没有过的。这些情况使托斯卡纳的复兴在1500—1505年间迅速转向。

罗马取代佛罗伦萨无疑是意大利文艺复兴最重要的一个转折。

《战役》的失败

至于《战役》,瓦萨里是最后一个看到的人,原因自不必说!他,列奥纳多的第一个传记作者,无耻地用自己身为壁画作者的雕虫小技遮盖了它。他用白色的粉刷层盖住了列奥纳多画的一小部分,在那上面画了自己的画。盖住了佛罗伦萨最伟大艺术家失败的作品!

在所有痕迹完全消失之前,米开朗琪罗和列奥纳多的草图被公开展示,好让整个佛罗伦萨都能瞻仰大师的作品。而这见证了这座城市所失去的……人们后来称这两幅作品为:"世界流派"。

马基雅弗利设想的伟大计划就这样最终都消失了,他想请上述杰出的艺术家来展现他那个时代的艺术,来证明托斯卡纳公国为此做出的功勋。《安吉亚里之战》后来被许多来自不同地方的艺术家模仿过,让人们又继续畅想了几个世纪。但列奥纳多却放弃它很久了,就像米开朗琪罗放弃了他的《卡辛那之战》。

列奥纳多交付订单之后,两件大事改变了他的生活。第一件非常棒:1503 年中旬在画《战役》期间,有人委托他画《蒙娜丽莎》;很快,一些影响深远的事情发生了,不管是在油画领域,还是在他与模特建立的友谊上。

第二件是令人悲痛的:列奥纳多不得不面对他父亲的去世。

父亲的离世

在画《战役》期间,列奥纳多的父亲去世了。就像每次他心情不平静时那样,起码是对他来说很重要的事情发生时,他在"小册子"里尽量冷静地记下事件,带着刻意的漠不关心。然而,正如每次他激动时一样,他忽然开始重复无足轻重的同样信息。列奥纳多在这里搞错了他父亲逝世的日期和他父亲的年龄。他写道:"7 月 9 日星期三,瑟·皮耶罗·达·芬奇死了,时年八十岁,那是 1504 年的 7 月 9 日。"[19] 他父亲并没有八十岁,而是七十七岁,

而且 7 月 9 日是周二……

他父亲的死解释了多年来为什么这个公证员及其家人与其长子分开生活。还在服丧的家中没有能给列奥纳多的位子。人们禁止他入内,人们甚至在他父亲去世的当晚都不让列奥纳多去看护。他年轻的同父异母的弟弟们年龄差不多都可以当他儿子了,他们害怕列奥纳多追回属于他的东西。所以懂法律的人首先让他远离这个家,并拒绝给他属于他的那一部分遗产。那是一份可观的遗产。

他们的行为尤其惹怒了死者的弟弟——叔叔弗朗切斯科。他一直住在芬奇自己的土地上,靠自己的土地生活。

服丧一个月后,他把几英亩的土地传给了列奥纳多,他尤其给了列奥纳多他的姓。这是最重要的。列奥纳多自此之后可以使用享有盛名的姓达·芬奇了。就这样他被记载在了达·芬奇家的族谱上。

《蒙娜丽莎》

我们通常认为 1503 年列奥纳多开始画《蒙娜丽莎》,当然这也是有科学依据支撑的。

这是人类文明史上最著名的代表了绘画艺术的画,但它不过是一幅高 70 厘米,宽 53 厘米的小型画作。一幅嵌在杨木画框上的真人大小的半身像,来自一位心怀感激的丈夫的委托。以私人名义给自己画像,把画像挂在家里的潮流终于不再只是王公贵族的特权,富商们在此之后很乐衷于此。人们经常因为感谢赠予一位女士她

的画像……尤其是赠予为你生下儿子的妻子。弗朗切斯科·德尔·焦孔多是一位在佛罗伦萨很成功的那不勒斯商人。怎样在家里挂上他和他妻子的画像才能更好地展示他的成功呢？这是财富的证明。我们不知道谁画了丈夫。而这位妻子，一位叫做丽莎·焦孔多的佛罗伦萨女性，全世界都认识她。看到了《圣安妮》后，焦孔多就选中了这个姓芬奇的人。丽莎已经给他生了两个孩子，其中一个是儿子。她可能还不到二十二岁。

列奥纳多至少在三年间都一心一意满怀热情地画画，与他的模特待在一起。后来这幅画就再也没有离开过他了，他直到死前都一直在对这幅画进行修改润色。这大概就是为什么没有可能去复制的原因吧。画家听凭自己的心情和灵感无数次在画布上东添一笔西添一笔。我们越来越觉得，这幅大作的神秘原因之一就在这十六年的修改润色中。不然她的微笑又意味着什么呢？

为了不让他的模特感到厌倦，列奥纳多想尽方法让她得到消遣和娱乐，通过交谈中机智的回答，叫来城里最棒的音乐家，歌手，行吟诗人，杂技演员，小丑。为了避免和许多其他画像中那样模特出现疲劳的神态——"为了赶走因为姿势问题而给肖像带来的忧郁的表情"[20]——他又回忆起了吉内芙拉·德·本奇，甚至是《抱貂女郎》，于是他决定用艺术带来的感情和感官的欢愉来吸引丽莎。

对忧心于文艺复兴的男人来说，生活的喜悦代表着最罕见最完美的身体与心灵之美，他的模特内心深处能领会到吗？

第一份草图可以追溯到 1505 年，它启发了拉斐尔的《圣母子》。不同的是拉斐尔完成了，而列奥纳多又没有

完成。瓦萨里描写了另外一幅《蒙娜丽莎》,是他 1508 年在佛罗伦萨发现的。他声称经过四年的工作后,列奥纳多还是放弃了,只留下一幅未完成的作品。而到了关于解剖方面的细节,睫毛、鼻孔、嘴唇、脖子上的血管,就和我们今天所知道的相差甚远了,其中充满了不确定,擦笔和晕涂法。这意味着列奥纳多从来都没有完成他的《蒙娜丽莎》们吗?我们所知道的那幅他还带到了法国,但直到最后,他都没有完成。

至于人像背后的景色,没有人会认为它们与主角同等重要。就像文图里写的那样:

> 似乎同一种独特的本质组成了这锯齿状的岩石、蜿蜒逆流的曲水、和围绕着肩膀的披风,沼泽景观散发的湿气使头发一缕一缕的。袖子上的褶皱蜿蜒曲折,发链半松散着,迂回的光线照在褶子上,躯体轮廓柔和圆润,所有这些都营造出了人物与看似奇特的背景之间的微妙的和谐。[21]

瓦萨里看到的只是一个黑色的背景……可能也存在这样的《蒙娜丽莎》。因为在几年间列奥纳多又重新开始画了几次。我们不知道他着手画的《蒙娜丽莎》有几幅。有几幅被保存了下来,用了多长时间……

如今现存的只有一幅,就是卢浮宫的那一幅。它似近又远,就像努力试图逃脱关于它的所有传记一样。

晕涂法

传统美学的天真之处在于将强烈的亮光作为最高价值,将专属于低劣等级与不幸灵魂的黑暗色调排除在外,

列奥纳多的明暗美学是他个人对传统美学的反叛。运用
晕涂法的画用诗意的方式提升了一个衰落暗淡的世界。
当然我们可以认为,晕涂法对于列奥纳多来说首先是一
种技术层面的解决办法。它是指既不借助轮廓的突兀,
也不使用强调的画法,而将外形表现出来。自然界中是
没有线条的,所以在绘画中也不应该有。应该简单地从
明一点一点变为暗,把能体现出事物多样化的无限性展
现出来。不是用一条粗线把它们隔离开来,而是让它们
出现,从黑暗中涌现。从黑暗中才能生出光明。所有的
一切都是从昏暗走到视线中来的。《蒙娜丽莎》就展现了
"凹凸感"①能达到多么令人惊叹的精致。列奥纳多提出
的著名的凹凸感首先是为了与线条对立,它使柔和的光
线不知不觉地溜进迷人的阴影中,然而他人生最后阶段
又把两者混到了一起。他因此解决了关于素描和凹凸感
之间的争论。这种对立使不同类别绘画间的争论一直未
解决:是严格的模仿,还是理想化的模仿,只再现最美丽
和最自然的部分?第二种主张不得列奥纳多的支持,因
为这样就不能考虑到生命体中特殊、畸形和脱离常规的
部分了,而这些却是列奥纳多以单纯和毫无偏见的想法
一直关注着的。他画了很多奇形怪状的事物,从来没有
排除那些同样组成生命的丑陋。他开辟了自己的道路,
试图去吸收自然造物主的精神,但是对过度怪诞的忠实
的再现很快变成了只是表面上的东西。

---

　　①　与波提切利的争论主要围绕在线条和凹凸感上。列奥纳多不无道
理地宣称自然界中没有线条。而波提切利尤其欣赏列奥纳多的凹凸感的说
法,但是他承认自己没有办法不用线条作画。艺术史为他们做出了选择,是
波提切利赢了。

很快，晕涂法变成一种感觉了。它只是想要重现一种情绪，或某个时期的一种环境。此项技术使列奥纳多之后可以把主体以更近距离的感觉添加到画中，可以描绘更近距离的细节。但是几乎全黑的背景却与当时的佛罗伦萨画派格格不入。佛罗伦萨画派直到今天还影响深远，受到越来越多的认可，不管是在哪座博物馆，就是由于光线和透视法，这种晨曦般的明亮几乎一直为佛罗伦萨画派增添了光环，而这种画风持续了整个文艺复兴初期。

在她之后，那么多的美男子……

除了《蒙娜丽莎》，以及《蒙娜丽莎》之后，一幅穿衣服的、一幅时间有待考证的裸着的《丽达》外，他用的模特都是完美的女性化的男子。就这样诞生了许多幅《酒神巴克斯》，许多幅《施洗者圣约翰》……越来越多的希腊美男子，这是列奥纳多发明的一种用来表达他完美主义的象征类型：类似于从普遍苦难中被保存下来的神话人物。

然而，许多事情的模糊不清还是让人惊讶。大家很困惑。从我们得以窥见的他生活的片段，以及他对各种活动的热忱，都让大家忽略了其实艺术家每天也是会饿的。他的生活看起来很没有条理。事实也确实是这样。但是他有选择吗？他要接各种工作来养活自己。他看起来只能顾及当下，但是有别的方法吗？人们指责他的漫不经心，人们可能也是有道理的，他总是毫无内疚地从一件工作跳到第二件工作，然后把一切只停留在草图阶段，就又跑到了第三件事上。但是我们不应该忽视艺术家的

需求而这肯定超过了简单的填饱肚子。难道不是在宽裕的环境中艺术才能生长得更好吗？天赋在远离辛劳与汗水的时候才能焕发出更好的光彩。

因为年龄的原因，列奥纳多越来越多地沉迷于他接连不断的好奇心中，这更导致他无法完成他的工作了，他的注意力转向一千零一件根本无关紧要的事情上，他对科学、解剖学的兴趣……还有鸟类的飞行，化石的起源……所有他醉心的事情。可能直到20世纪人们才把他这种情况叫做神经官能症。

幸运的是，他一直拥有持续的嘲讽精神，巨大的好奇心，爱挖苦人的情绪和超然物外的态度。关于他的传记中甚少提及，但是他的"小册子"里却比比皆是。列奥纳多是一个雄心壮志的追问者。"我问，我问"永远是他的主旋律，就像"我想知道，我想理解"[22]。每一页上都有无法平复的全方位的好奇心带领他走向各种各样的知识，除了在画《蒙娜丽莎》和《战役》的三年间，他可能一直忙于应付好几桩事情。

一只鸢不是一只秃鹫

鲜有传记对我们称之为"心理"疾病的病症感兴趣，然而这种病一生都压在列奥纳多身上：那就是从未完成的作品。

就连为此写了一整本书的弗洛伊德都将之抛在一边。必须承认的是，因为翻译上的差错，对列奥纳多在"小册子"里提到的极少部分关于他童年时代的回忆，这位维也纳医生做出了错误的分析。毫无疑问是因为缺乏

第一手的资料。很难去破译的列奥纳多的镜像书写,很少有人使用的托斯卡纳方言,囫囵翻译的 19 世纪译者们,尤其是关于列奥纳多成年时期的梦境所重现的场景——他,睡在柳条小摇篮里的婴儿,嘴巴被鸟嘴或鸟的尾巴微微轻刺发痒,那是一只鸢,肯定不是一只秃鹫——使弗洛伊德奇怪地推断出孩子与他的母亲或祖父一起生活……然而他大概也没有别的途径去进一步证明了。

这并不影响弗洛伊德的《列奥纳多·达·芬奇的童年回忆》[23]成为一份吸引人的分析,一份详尽又充满智慧的研究。然而不管从宏观还是微观的层面看,这写的不是列奥纳多。此后一个半世纪的深入研究才一点一点揭开他的神秘面纱。

比如说,他的私生子身份。人们总是无聊地议论这个话题,其实这是那个时代最常见的现象了。许多国王、王子、大领主、艺术家,一般那些著名的人物,他们都是非婚生子。这没什么有损名誉的,那个时代有可能还是允许调情的最好时代,人们可以声称这是爱情的相遇,而不是两个家族之间的契约,成为父母时可以不必忧虑心灵是否契合。

离开？留下？

1505 年,列奥纳多五十三岁。他在佛罗伦萨自愿与外界隔绝般地生活着,身边围绕着少数朋友和几个学生,生活节俭,他称之为他的"苦行",但是也保障了他的健康。正如我们之前提过的,面包、红酒、鸡蛋、菌类、水果一直都是他的基本食物。如果说他还能忍受年轻人在餐

桌上吃肉,他自己是不吃的。他也从来不冒醉酒的风险。他一直坚持自己的节制,尤其是在佛罗伦萨,这个由萨伏那洛拉揭露的道德败坏乱献殷勤的渎神文化横行的地方,然而这与罗马荒淫放荡的氛围相比并不算什么。但是以往足够的经验告诉他,政治风向转变的危险是不断的。列奥纳多已经学会提防着掌权者了——虽然他需要他们——尤其是不要相信那些有政治抱负的人。

由于他有着越来越明显的秘密爱好,他继续过着如同带着面罩般的生活,甚至是在佛罗伦萨,也可能尤其是在佛罗伦萨,他故意隐藏着自己。他的工作越来越需要安静、专注和警觉。

自从萨伏那洛拉被处决之后,佛罗伦萨的工作室又重新恢复了活力,但是知识氛围却缺乏生机。以至于竟没有人怀念洛伦佐·德·美第奇的时代!

就这样结束了,佛罗伦萨不再是世界的中心,也不再是意大利的文化之都,甚至不再是文艺复兴最活跃的政治中心了。之后舞台转向了别处。罗马取代了佛罗伦萨,佛罗伦萨再也没能夺回它的地位。罗马拿走了属于佛罗伦萨所有的荣耀。列奥纳多也不知道明天的保障在哪里。似乎他的作品连接了一种宿命性,一开始他的作品总能引起轰动,而最后总是陷于一片混乱,甚至无法完成。对他来说,没有什么是真正完结了的。他想要把他所有的作品都保存在身边,这样他就可以不停地修改了……

一连串失败

一系列著名的失败在他的人生中留下了痕迹。他三

十岁离开佛罗伦萨的时候,既没有完成《圣哲罗姆》,也没完成《博士来拜》……在米兰,没有人在意他作为城市规划家和军事工程师的梦想……他没能在期限内完成《岩间圣母》……人们不让他继续浇铸雕像,他之后便再也没有当过雕塑家了……闪耀着他满溢的才华的《最后的晚餐》几乎是在他眼前慢慢损坏的……他离开曼托瓦的时候也没有完成伊莎贝尔的画像……在威尼斯也没有完成任何实际性的作品……在恺撒·波吉亚麾下,他在期限内没有实现他的任何规划。在处处失望的情况下,他第二次逃离了佛罗伦萨。他的《安吉亚里之战》遭受了和《最后的晚餐》一样的失败……至于他的代表作《蒙娜丽莎》,他一直没有交给他的委托人……

似乎是他的失败锻造了他的天赋……他感到很无力。同时,他又无所不能,他自己也知道这一点。但是他应该离开佛罗伦萨,那里的空气对他有害。他在故乡肯定得不到成功了。在不断上升的充满敌意的环境中,讨厌混乱的列奥纳多决定逃离托斯卡纳,在那里他从来都没有得到过友好对待,也没有得到他认为应该有的公平。至于他一直迫切渴望的认可……

更糟糕的是,领主把他当强盗对待,因为他在完成《战役》之前就要钱了!列奥纳多很愤慨。面对凌辱,他把他的朋友聚集起来,恳求他们帮助他筹到需要的钱。他要在永远离开这座城市之前把钱砸到领主的脸上。但是去哪儿呢? 这是一个大问题。他的朋友们努力劝阻他打消这个念头。但是在他请求后的第二天,他们就成功筹到了索代里尼自称是非法的预付款。列奥纳多马上就拿到了这笔钱。索代里尼被列奥纳多傲慢的行为惊讶到

了,他可能有一丝愧疚,于是亲自把钱送给了列奥纳多,并希望他好好保存这些他"辛苦赚来的"弗罗林金币!

尽管如此也抵挡不住列奥纳多消沉、气馁、恶心的情绪,他既不想继续完成在他眼前失败了的《战役》,也不想再在这个把他看作盗贼,控告他欺诈的城市停留。还是以前与他合作画《岩间圣母》的普雷迪斯兄弟之一,安布罗吉奥·德·普雷迪斯告诉他,他们赢了诉讼。而这场诉讼至此已拖了二十年!

但是为了追回他们的债务,人们让他们重新画一幅《岩间圣母》! 好吧! 安布罗吉奥说,意大利效率最低的画家,花几个星期就能完成。列奥纳多理解的就是几个月。所有需要配备的东西都由查理·德·昂布瓦斯解决,因为他给出一份邀请希望列奥纳多回到米兰,以后在法国人手下为米兰工作。

这对列奥纳多来说是一份意外收获,即使他一点都不想重画一幅《岩间圣母》。问题是,佛罗伦萨要求他完成他一直没画完的《战役》。在他的意识深处,他都已经放弃了。他只从他的雇主那里得到很短的期限,三个月,而且这还是多亏了马基雅弗利争取后的结果。啊! 如果他能逃到木钟里躲一辈子就好了! 但是佛罗伦萨人要求他三个月内回来。此外,他还要偿清每推迟一个月就要交 150 弗罗林金币的保证金。

米兰的查理·德·昂布瓦斯

1506 年 5 月中旬,带着《圣安妮》和《蒙娜丽莎》,他重新踏上了回米兰的路。二十年后,同一条路,身上只带了

很少的东西,同样的精神状态。作品还没有完成,但是他心中对在米兰的未来充满了希望。萨莱、巴蒂斯塔、马可·德·奥焦诺陪在他身边,他希望在米兰能干出一番事业。

对于佛罗伦萨的领主,他已经留下了一事无成的印象。他是违背誓言的人,被排斥的人……值得庆幸的是,他父亲已经去世了,不会再听说他的坏名声,不会得知他儿子给达·芬奇这个姓氏带来的噩运了。

在米兰,《最后的晚餐》一直都在。即使画已经开始慢慢从墙上剥落了,它还是继续让看到它的人着迷。多亏了它,法国向列奥纳多张开了怀抱。他一下子就取得了查理·德·昂布瓦斯的信任。这是一名体格健壮的将士,一个真正的领导者。他被这位和他相似的艺术家吸引住了。列奥纳多对他来说一直都是一个充满他人无可匹敌的力量的巨人。毫无疑问,他年轻时惹人注目的美貌已经转化为了泰然的成熟,但是他的外形仍然令人肃然起敬。1510 年左右,在人们对他的描绘中,他还是一头长发,金棕色的发色衬托着皮肤的白皙。他让人联想到古典的贵族,就像一位赫尔墨斯·特里斯墨吉斯忒斯,一位普罗米修斯,甚至一位老年的柏拉图,正如拉斐尔不久之后在罗马教皇宫签字大厅画的那样。他是坚持给他的同时代人展现这种形象吗?一个纨绔子弟的形象——他很懂得怎样将他的价值展现出来,突出自己并且树立自己的形象。

米 兰

又骄傲又固执的列奥纳多离开的时候仍然希望佛罗

伦萨还给他公正。他错了。他的故乡没有表现出任何和
解的举动。现在他有和普雷迪斯重新画的《岩间圣母》，
有昂布瓦斯的许多委托——重建因为战乱毁坏的伦巴
第，用列奥纳多在卢多维科时期就构想好的所有方法来
打造伦巴第，列奥纳多至少不会失业了。

　　一到米兰，列奥纳多就去看了他的《最后的晚餐》。
损坏虽然缓慢但却是不可补救的。1502 年起，法国国王
路易十二占领了米兰，他试图令人把画从墙上拿走，好带
回法国。这已经不可能了，因为潮湿的墙体开始吞噬壁
画了。于是人们资助其他艺术家去复制它。1503 年，布
拉曼蒂诺被正式委托在木板上画出一幅小型的复制品。
法国本想要把达·芬奇在米兰所有的作品都带走，首
先就从《岩间圣母》开始。不过是旧版本还是新版本呢？

　　1506 年，轮到列奥纳多最优秀的学生德·奥焦诺在
一张 6 米×3 米大的画布上复制《最后的晚餐》了。画布
嵌在装饰着十四个先知和女预言家浮雕的金色木框中。

　　列奥纳多也去了从前在正中间摆放他巨大骑士雕像
的地方。今天那里已是一片废墟，只剩一堆难看的石膏，
他得知这是在 1502 年法国第一次占领期间，人们用石
头，用加斯科弓箭手的箭满怀愤怒地毁掉的！

　　昂布瓦斯对列奥纳多非常着迷，给他提供奢华的住
宿，让他与其平起平坐。昂布瓦斯完全被列奥纳多吸引，
不管大事小事都向他请求，就好像列奥纳多喜欢这样似
的……就这样，列奥纳多完全忽略了第无数个版本的《岩
间圣母》，而与他的新保护人构想着一座供消遣的别墅，
建在两条河流之间，花园和喷泉能让这座别墅融入风景
中去……

很快,索代里尼给的三个月期限到了。8月,米兰的统治者昂布瓦斯亲自给领主写了一封信,请他多给一些时间。昂布瓦斯确认列奥纳多的存在对他来说必不可少,于是他还要求得到一份能把列奥纳多留在米兰的许可。列奥纳多完全被节庆和各种各样的计划吸引住,于是期限便延长了。他发明了音乐风车,可以让水唱歌的管风琴,还有能协调运作的喷泉。一天,他观察到苍蝇翅膀能发出有旋律的嗡嗡声,于是他好奇这些声音是怎么产生的。通过它们的嘴?还是通过它们的翅膀?它们的翅膀。很快列奥纳多就把它们变成了乐器。对于他来说,实现永远跟在驱动后面。他抓了几只苍蝇,把它们关在一个盒子里,它们只能在里面愤怒地嗡嗡叫。用同样细致的方法,他制造出了一只微型的龙。他截去它们的翅膀,又把翅膀黏在其他地方,拉紧耳朵去仔细捕捉因为实验声音和音调发生的变化……他在"小册子"里写道:

> 你会注意到,当把它们的翅膀截去一点,或者更好是轻轻地涂上一点蜂蜜,不要妨碍它们飞行,这时它们的翅膀运动时,就会发出刺耳的声音,音调从尖锐到低沉,完全根据他们翅膀飞行受到阻碍的程度……[24]

昂布瓦斯对列奥纳多才华的信任立即给了他一种精神上的解放。他终于可以随时满足自己所有的好奇心了。在令佛罗伦萨恼火的情况下,延长的三个月期限里,他可以开始实施不少于四十样不同的计划了,他列了一个既没有条理,也不清楚哪些是要优先解决的问题的单子:

眼泪、喷嚏、呵欠、哆嗦、恐高、疯癫、睡眠、饥饿、性欲、怒火是怎样在体内发酵的,而害怕、发热、疾病呢? ……毒药为什么有害? ……为什么火药会杀死人类,而不是让他受伤……? 写写什么是灵魂。如果人类擤鼻涕,为什么他不会死? ……自然出于需要,创造了维持生命的或对生命有害的器具,就连形状和位置都恰到好处。为什么说需求是自然的伴侣……代表着精液来源的象征……尿是从哪儿来的? ……乳液是从哪儿来的? ……食物是怎样分布到血管中去的? ……醉酒是怎么来的……呕吐……肾结石和结石①。腹泻是怎么来的……? 疾病引起的癫狂是怎么回事……? 为什么扼住动脉会使人麻痹? ……为什么脖子上的一个小伤口就能直接让人死亡? ……眼泪是从哪儿来的? ……为什么眼珠旋转时一个会带动另外一个? ……还有哭泣……[25]

在同一张纸上,用同样难以理解,甚至可以说是象形文字的书写记载着一大堆我们根本找不到联系的问题。我们仍能有意思地发现在这些晦涩的列举中,第一个是"眼泪",最后一个是"哭泣"。

佛罗伦萨式的争吵

佛罗伦萨吝啬施予的三个月延长期限过得太快了。昂布瓦斯写信给索代里尼要求再多给一段时间。索代里

---

① 在那个时代,结石病造成了很大的折磨,因为人们不知道怎样治疗这些石头,更准确地说应该是结石带来的疼痛。

尼刻薄地回答道："如果列奥纳多想在您那里再多待一段时日,他就要把我们付给他工作的钱还给我们,这样我们才会满意,才会相信他。而他却连开始都还没开始。"[26]佛罗伦萨人这般恶劣鄙视的话语在列奥纳多身上起了完全相反的作用。索代里尼想要毁坏列奥纳多在法国人心中的形象,但恰恰相反,他反而使昂布瓦斯更坚定了对列奥纳多的赞赏。所以昂布瓦斯以法国国王的名义写信回答说,他会把列奥纳多留在米兰。没有其他的辩解,只有国王的意志。当时流行三种形式的资助,它们在对待艺术家方面有所差别。王公贵族的资助代表了艺术家和选定他的王公之间的双向关系。宗教资助是最古老的一种,代表的是一个集体与另一个集体间的关系,在这种关系中,艺术家几乎没有自由,别人为他选定主题、规模、材料、颜色,每天早上斤斤计较地发放当天所需的颜料,艺术家完全不受信任。而公共资助兼具了前两种资助的所有不利条件,委托人—艺术家的关系可能很快转变为主人—仆人的关系。不信任是一种习惯。政府生怕这些乞丐会偷东西,虽然马基雅弗利说过:"一位王公应该对才华表现出他的友好,雇用那些有才华的人,尊敬那些在某个领域出类拔萃的人才。"

所以索代里尼结合了王公贵族蔑视艺术家和政府委托人怀疑艺术家会盗窃公众钱财的特点。他再次处理这件事,要求列奥纳多回佛罗伦萨时少了许多客气,以至于12月16日,当时还在法国的国王亲自对佛罗伦萨的使者要求道:

> 你们的领主们要帮我一个忙。请给他们写信说我想要雇用他们现在在米兰的画家列奥纳多,我想

他为我做许多事。要让领主们同意他马上就能为我服务,而且他在我到达米兰前不能离开……

使者补充道,"所有这些都是因为最近才送来这里的他亲手画的一小幅画,人们都认为那是一幅精品"[27]。

很显然,佛罗伦萨人愤怒了。在米兰的法国统治者送来第无数封要求第无数次延长期限后,索代里尼的回复冷淡到了极点:

> 希望阁下原谅我们不能再延长他在米兰停留的时间了,列奥纳多没有好好履行他对共和国的责任,因为他收到了很大一笔钱,但他保证完成的大作①却只开了个头。[28]

谁都没有被这份指控影响到,列奥纳多仍然留在米兰。他可能为法国国王做了很多事,我们却找不到任何他工作的痕迹。但这并不影响法国国王继续坚持要把他留下来:

> 我希望你们的画家列奥纳多能为我工作……请你们的政府对他的态度坚定一点,立即给他下命令来为我服务……[29]

这封信是出自法国国王之手!他还和使者谈了艺术上的完美,和其他一些列奥纳多拥有的优点,就好像佛罗伦萨人自己意识不到似的。事实上,他们好像确实意识不到。

这次,索代里尼让步了,他告诉法国人他把列奥纳多给他们了,自然是"经过允许"的。

---

① 当然是指《战役》。

攻克热那亚后,法国国王终于凯旋般地进入了米兰。列奥纳多组织了奢华的欢迎庆典。他可能只收到了一份微薄的报酬,因为 5 月 12 日,他委托别人从他的佛罗伦萨账户中取了 140 弗罗林金币。国王感谢昂布瓦斯的说情,给了列奥纳多一小段运河的水域特权和年金,而且不要求他有所回报。查理·德·昂布瓦斯很好地促成了这些事。

列奥纳多终于可以生活在安宁中了,可以不间断地研究他喜欢的东西,实验也不会遭到斥责和无礼相待了。画他想画的,在他想画的时候,在他高兴画的时候……

面对皇室的要求,领主放弃了他的坚持。列奥纳多某种意味上成了法国国王宫廷专属的画家。他的直接保护人查理·德·昂布瓦斯对他的画有最高指挥权。一幅《樱桃圣母》和其他几幅作品从此不见了,但是它们无疑也曾见过天日。大量的计划看起来让这位艺术家和他的仰慕者非常兴奋。他们再一次开始幻想理想的城市。他们制定蓝图。他们意见如此合拍……人们是否赞赏《岩间圣母》或者当时还流传于世的许多幅《蒙娜丽莎》中的一幅?不能确定,也没有文件可以证明。

自从 1494 年查理八世曾在米兰短暂停留过后,路易十二是第二位如此被列奥纳多吸引的法国国王。路易十二自 1508 年 7 月至 1509 年 4 月都给不求回报地给他支付了津贴。列奥纳多还以为自己已从缠人的事务中脱身出来了。

他对运河水域拥有的权利被正式地记载下来了。人们定期向他缴纳收益。为了表示感谢,列奥纳多向国王献上了两幅他很满意的圣母像,但是就像《樱桃圣母》一

样,这些画今天也已经不见了。

唉!米兰与佛罗伦萨之间的交易又开始了,越来越贪婪:

> 我们还需要列奥纳多大师……如果阁下能再延长一段期限的话,我个人会非常高兴的,因为他要在这里为我们完成一项重要的作品。

索代里尼回答道:

> 希望大人能体谅我们,列奥纳多对我们领主的行为就是个告密者。我们不想再听到他新的请求。因为他在这里的工作要让所有为他付钱的人满意;此外,他再继续中断他的工作已经让人无法容忍了……[30]

盗贼、告密者……这座城市对他的评价可真高!

往返于米兰和佛罗伦萨之间

最终,一件悲剧,应该怎么说呢,一件与遗产相关的悲剧把列奥纳多带回了佛罗伦萨。毫无疑问,任何事情都不能让他回来,除了一件事,他叔叔弗朗切斯科的离世。还记得吧,就是这位叔叔故意把他在芬奇的土地传给了列奥纳多,因为属于列奥纳多的那一份财产被他父亲的家庭剥夺了。他同父异母的兄弟们再一次想要把叔叔留给他的遗产夺走。这让列奥纳多气疯了。如此温和、谦恭、平静的他,感觉自己一直受到别有用心的不公平的对待。他的生气不仅仅是因为把他推之门外的家庭掠夺了他的财产,还有他们对这个家里唯一喜欢他保护

他的叔叔遗愿的不尊重。

因此他以最快的速度回到了佛罗伦萨。他在那里度过了1508年的冬天。他毫不放松地警惕对他提起诉讼的弟弟们的诡计。在这段时间里,他在皮耶罗·德·布拉乔·马尔泰利①家里居住和工作。这是一位博学的人文主义者,他把他的房子变成了当时的艺术之家。卢卡·帕乔利也在那里。这三个人沉醉于数学的讨论,当然也没忘了艺术。韦罗基奥最后的弟子之一乔瓦尼·弗朗切斯科·鲁斯蒂奇也住在那里。他曾受到列奥纳多的帮助来完成他的代表作:《施洗者圣约翰布道》组像②。

佛罗伦萨年轻的一代创立了巴若罗学会,在那里聚集起来吃喝作乐。参与其中的有:安德烈亚·德尔·萨尔托、皮耶罗·迪·科西莫、圣索维诺、弗兰恰比焦、音乐家阿若勒,拉斐尔有时也会加入他们。忧郁的德尔·萨尔托是常客,而且很善于活跃聚会气氛,他作讽刺诗,做使人惊奇的菜肴。他用明胶和香肠做成的古庙造型当时很出名。歌唱、音乐、庆典就像洛伦佐还在时那样活了过来,但是已经没有科西莫的建议、鼓励和资金上的支持了。列奥纳多也只是偶尔去那里玩乐一下。

这个冬天,为了打发等待诉讼的时间,他画画,研究数学,帮别人完成雕像,整理他的笔记,开始了一本新的"小册子",对来找他的年轻艺术家充满兴趣……米开朗

---

① 佛罗伦萨人,来自一个富裕的文化事业资助人家族,这个家族曾经还庇护过多那太罗。马尔泰利是一位博学的人道主义者,他还对数学和艺术非常感兴趣。

② 有些列奥纳多的传记作家甚至崇拜到说这组雕像是列奥纳多的作品,这无疑有些过分了。

琪罗未来的对手班代利尼,向他提交了他的画作,列奥纳多建议他去学习雕塑,把多那太罗当作榜样。

对这些研究他《安吉亚里之战》草图的年轻人们心怀的尊敬,他也不是毫无所觉的。但是一丝隐藏着的忧伤占据了他的情绪。在佛罗伦萨这座他本来完全可以发挥所长,被人认可的城市里,他却感觉一点都不自由。既然他回到佛罗伦萨只是为了这场诉讼,那么他就保持自己的尊严绝不在他的《战役》上多画一笔。难道领主没有把他看作一个盗贼吗?还没从对未完成的壁画的愤怒中恢复过来的索代里尼决定尽可能地拖延诉讼时间。列奥纳多不得不在佛罗伦萨多待了六个月。1509 年初,事情看起来快处理好了。他写信给昂布瓦斯:

> 我今天急派萨莱告诉您我与弟弟们的官司可能快要结束了。我希望复活节的时候回到米兰。我将带给虔诚的法国国王两幅规模不同的圣母像。我回去很想知道我之后可以把住处安置在哪里,因为我不想再麻烦您了。另外,我还想知道,已经为虔诚的国王工作了一段时间,我的津贴能否继续发放。我还写信给我的水域御赐管理者,我还没有拥有这片水域,因为那时有严重的旱灾,运河水源匮乏,而且开放时间也不固定。但是他向我保证一旦调整完成,我就成为所有人。既然现在开放已经规律了,请求您能劳心提醒一下管理者我对这片水域的所有权,因为我回来后想制造机器,想做一些能让我们国王非常高兴的事……[31]

诉　讼

　　查理·德·昂布瓦斯代表法国坚持让佛罗伦萨把列奥纳多还回来。但是考虑到案件一直没什么进展，列奥纳多竟直接请法国国王路易十二介入与领主交涉，不仅仅是为了加快诉讼进程，也是为了得到一个好结果。一封国王的信再清楚不过了："要让案件的审查得到最好的结果，要让司法机构的处理尽量简短迅速……"[32]

　　索代里尼只好迅速处理这件事了。

　　从此之后，列奥纳多可以自如地往返于佛罗伦萨和米兰之间，不用担心被那个索代里尼强行扣留，因为后者最终还是屈服于国王的命令。列奥纳多从容地回来参加他的诉讼。他重新住到了皮耶罗·德·布拉乔·马尔泰利家里，他利用这段时间整理了一下他的"小册子"。他也回到了新圣玛利亚医院开始了新的解剖。尤其是解剖待产的妇女尸体。这让艺术家发现了女性生殖机制的魔力。他也意识到对人体更好的理解对绘画有着多么大的重要性。之后他一直希望能出版他的各种专论，尽管还没有完成。他还按照主题的不同把内容分为不同的章节。很快，他就淹没在过多的素材和主题中了。他统计过，为了完成一百部专论，将共有超过一百个方面的问题。而且在重读的过程中，他不仅没有删去其中不必要的部分，还增添了一些段落，他的工作几乎没有进展。他想要出版的第一本书关于眼睛和视觉，所以这成了他优先研究的方面。《论与其他感官相比视觉的优越性》是他预想的标题。

他一直往返于米兰和佛罗伦萨之间,希望诉讼得到一个令他满意的结果,这样他才能完全投入到为欣赏他的法国人的服务中去。领导这场法律争论的公证员瑟·朱利亚诺,开始明白他排挤这位如此出名的同父异母的哥哥将会给他的职业生涯,将会给芬奇这个姓氏带来多大的损害。尤其是列奥纳多还得到了那么多掌权者的支持。因此列奥纳多赢得了诉讼的胜利,而且至死都能享有他叔叔留给他的财产。1509 年夏天,他终于内心安宁地回到了米兰,接下来的几年里他都住在那里。他的保护人查理·德·昂布瓦斯一直都是米兰的统治者。他试图重振斯福尔扎时期的文化,其中列奥纳多是最重要的一部分。宫廷画家、建筑家、工程师、艺术顾问,还有人们当时还不知道该怎么称呼的,导演、舞台设计师,列奥纳多工作在所有阵线上。建筑、修复、保存大教堂的唱诗席,为与威尼斯的战争做准备,负责路易十二进入米兰的迎接队伍,组织庆典:后人没有发现他的账户有收入,但是去生活、去创造的乐趣是毋庸置疑的。这就足够让列奥纳多花费所有的时间去完成本质上是转瞬即逝的作品了——或者说是他更偏爱的作品?

爱情与友谊

弗朗切斯科·梅尔齐无疑是列奥纳多最后一次伟大冒险的对象了,也是最好的之一。他在这个年轻人还是孩子的时候就认识他了,那个时候他经常住在弗朗切斯科父亲的家中,那是在米兰北部一座山城瓦普里奥,阿达河河边。弗朗切斯科出生于一个米兰富裕的家庭里,从

小就接受优秀的教育。他会拉丁文，练习书法，并养成了良好的行为举止习惯。十五岁时，臣服于列奥纳多的魅力与智慧、艺术才能的双重吸引力，弗朗切斯科以学徒的身份进入了列奥纳多的工作室。他有天赋，勤奋，完全忠于他心中的天才列奥纳多。从此之后他再也没有离开过他身边。列奥纳多经常会有忠诚的学生、学徒、帮手，甚至是迷恋他的人，但这是他第一次有了一个可以与他相称的门生。圆滑的梅尔齐知道如何处理列奥纳多与掌权者之间经常是杂乱的关系。他渐渐变得必不可少。这张短短的便条展示了他们迅速建立关系的深情口吻："弗朗切斯科阁下您好。为什么我给您写了这么多封信，您却从来不回复呢？稍等一下，我马上就回来。看在上帝的份儿上，我会让您写更多信，您可能会为此而后悔的……"[33]弗朗切斯科·梅尔齐生于 1493 年，他那时十六岁，而列奥纳多五十七岁。

他们有一个计划，这花了列奥纳多最后的时光和梅尔齐生命余下的所有时间。他们要重抄、誊清，如果可能的话还要补充，来使著名的"小册子"最终能够出版。这上百本的"小册子"里堆积了曾有一天，或者只有一秒，让列奥纳多着迷的所有东西。首先要将它们归类，确定主题，做一个挑选。如果没有梅尔齐，列奥纳多永远连想都不敢想，然而即使有梅尔齐的帮助，他最终也没有完成。

在他停留在佛罗伦萨期间，他住在米兰的以前的学生，博尔特拉菲奥、孔蒂、德·塞斯托，为了新艺术的胜利而战斗。他们成功地植入了列奥纳多风格。列奥纳多白白让他们远离模仿，白白提醒他们"自然的事物本身已经具有如此可观的丰富性，最好直接求助于它们，而不是求

助受恩于自然的老师们。"列奥纳多的新公式"明暗加微笑"被世人接受,并成了固定搭配。我们无能为力。湛蓝色的风景,温柔的沉思的神情成了"时髦"[34]。这种时尚征服了大众。唉,因此所有的画看起来都很相似,以至于我们经常会搞混。不知道一幅画是谁的作品,是马可·德·奥焦诺还是萨莱,是梅尔齐还是博尔特拉菲奥,是塞斯托或甚至是普雷迪斯。然而列奥纳多真正的继承者拉斐尔,德尔·萨尔托,索多玛,卢伊尼从来都没有去过他的工作室。

梅尔齐与列奥纳多之间的相处非常合拍。列奥纳多没让他停过干活。梅尔齐也很英俊,但是他与萨莱完全相反。萨莱贫穷,无知,没有教养,这个恶魔从列奥纳多那里得到了一切,如果说他是孺子可教的,他从来没表现出过这一点。哦! 在最后几年里,他用自己的方式想要表现出感激之情,但他却选择用盲目的忠诚。甚至在二十二年间,我们来重申一遍,他都表现得像个独生子,挑剔,任性,没有教养,自甘堕落。然而梅尔齐是富裕的绅士,总是彬彬有礼,渴求知识,用慷慨和热情的灵魂全心全意地把自己奉献给列奥纳多。他的时间,他的生命,他的财产都为列奥纳多所用,直到永远。他自以为是列奥纳多应该感谢的人。十一年里,直到他生命的最后一刻,他都以子女般的感情关切,照顾陪伴在他身边。可能刚开始肉体上的联系把他们结合在一起,但是一种比任何东西都强的眷恋让梅尔齐再也没有离开过列奥纳多,直到成为他的遗嘱执行人。"我们很惊讶地发现,在这样一个年轻人身上,同时具有发自心灵的智慧,对天才深刻的理解,对伟大清醒的仰慕",16 世纪的编年史作者已经这

样感叹道。

萨莱试图保持自己在列奥纳多心中的地位,但是没用,他无可奈何,竞争对手梅尔齐把列奥纳多所有的时间和兴趣都夺走了。列奥纳多完全被感情所征服,他只能沉溺于此。"梅尔齐的微笑让我忘记一切"[35],关于他最好的学生,列奥纳多这样说道。

和萨莱之间是无休止的硝烟,充斥着背叛、懒散,最坏的是,这种无声的嫉妒逐渐损坏了友谊,将之变成了不理解。

擅长交际又孤僻离群,侃侃而谈又沉默寡言,令人愉快又消沉忧郁,渐渐衰老的列奥纳多就是这样刻画着自己的肖像,同时又带有幽默:"尽管身体的强健不会损坏精神,但是画家还是应该孤独一点,尤其是在他的思辨和探索不断浮现,丰富他的记忆,成为他的储备的时期。如果你孤身一人,你完完全全属于你自己,如果你有一个同伴,你只有一半属于你自己,而且会根据你同伴交际的不知趣变得更少。如果你和好几个人在一起,不便之处就更多了。你会说,我按自己的意愿做事,我置身事外,我独自一人可以更好地探索事物的原貌。你这么说是没用的,我告诉你,这样是没法成功的,因为你不能堵上耳朵完全听不见他们的闲聊,我们不能一心二用,你这样会是一个糟糕的同伴,一个可憎的艺术投机者。你还会跟我说:'我离他们很远,他们的话我完全听不到,我没有受到约束。'人们会把你当作疯子的,我提醒过你了,这样你就完完全全孤身一人了。"[36]

尽管列奥纳多在友情和爱情上都经历了诸多失望,他从来都没有变得尖刻乖戾。他仍旧保留着他那总能让

人惊奇赞叹的能力。他知道每一束阳光都能为他提供观察人和物的新一面。每天早晨使一朵花开放,使一颗果实成熟……在说完恨比爱更有远见后,他立刻总结道:"如果你有一位真正的朋友,那是另一个你自己……"[37]

因为查理·德·昂布瓦斯的慷慨,列奥纳多不再担心吃不饱肚子了。除了来自他学生、朋友、情人的照顾之外,他还被热爱,敬佩,尊重,甚至是被萨莱和梅尔齐之间情敌般的竞争环绕着,列奥纳多在米兰第二次逗留的时期是他人生中最幸福的一段时光。他读了很多书,在柏拉图、赫尔墨斯·特里斯墨吉斯忒斯和自己之间找到了一致。柏拉图认为,在我们的感官中最敏锐的是视觉,因为它是最客观的:"我们感官的创造者在创造视觉器官上比其他感官多花了很多心思。它是人的感觉能力中能给人最强烈感觉的……"至于特里斯墨吉斯忒斯,他说过,"我们有的是窗户,而不是眼睛"[38]。有什么东西是不从眼睛中来的吗?赞扬视觉吧!这又是一份列奥纳多想要完成的手册。光学激起了他的热情:

> 失去了视力的人就再也感知不到美的存在,就像一个活生生的人被关在墓地里。如果身体是一座坟墓(柏拉图—费奇诺),那么视力就是带来自由的最强大力量,就是人体的窗户,灵魂可以由此凝望享受世界之美,这时就接受了身体的桎梏,没有了这种力量,身体的存在也就成了一种折磨。[39]

美!如果用一个词可以总结回答整个文艺复兴时期的特征,而列奥纳多是第一个词的话,那么第二个词必然就是美。然而美对每个人来说意义各不相同。对拉斐尔而言,美就是幸福的承诺。对米开朗琪罗而言,美是痛苦

与心灵折磨的起源。对波提切利来说，美是诗，是鬼魂附身，是超自然的巫术。于列奥纳多而言，美就是神秘的瞬间。谜团，可能同时还有它的答案。不管怎么说，美都是激起他好奇心的最有效的发动机。

政　治

当法国国王路易十二攻打威尼斯期间，列奥纳多的世界里一切都向最好的方向发展。摩尔人衰落十年以后，他的老同盟，曾经的枢机主教德拉·罗韦雷成为教皇，名号为尤利乌斯二世。尤利乌斯二世只能好好赞赏莫尔的政策带来的结果！意大利最大的两个城邦现在落入了外国人手中。西班牙人掌握着那不勒斯，法国人控制了米兰。他们建立了一个凹角堡，人们很难从那里逃脱。因此每个人现在只有一个想法：扩张自己的领地。为了达到这个目标，西班牙人和法国人采取了血腥的手段。至于威尼斯，几个世纪前它把拜占庭变成什么样子，它现在就是什么样子：处于巨大的危险中。

矛盾的是，当路易十二带头促成这场结盟时，当地所有人民都站了起来要为自己的城市战斗，因为威尼斯一直因尊重人民的自由而闻名且深受人民爱戴。战场上流满了鲜血，德国人、法国人和西班牙人为了削弱尊贵的威尼斯共和国而计划的战役使每个人都无法幸免。甚至每个社会阶层的女性在她们孩子的帮助下也参与到保卫她们的水上之城的战斗中去。威尼斯人，尤其是威尼斯女性的抵抗让整个意大利惊讶又敬佩。

一系列的政治事件无疑使列奥纳多的生活复杂化

了。1511 年 3 月,战士查理·德·昂布瓦斯上了战场。他受了致命的伤,生命停留在了三十八岁。列奥纳多失去了唯一一个理解他,尊敬他,不强迫他的保护人。

在新王公眼里,列奥纳多必然成了一个叛徒的形象,他所有的朋友也一样。在被告知摩尔人的儿子马克西米利安·斯福尔扎的回归后,列奥纳多整个工作室的人都躲在梅尔齐的父亲家里。诺瓦拉战役之后,似乎离开伦巴第对于列奥纳多是一个明智的选择。但是去哪儿? 流亡是永恒的问题……

幸运的是,尤利乌斯二世很快就过世了。接任他的是第一位出身于美第奇家族的教皇。利奥十世,"伟大的洛伦佐"的儿子,成长于崇尚艺术和人道主义的家庭中,他为艺术家们带来了希望。艺术家们都指望他能够让罗马成为一个新的创作之家。

梅尔齐和其他的伦巴第画家不断赞扬列奥纳多的优点,好让这位佛罗伦萨人达·芬奇,纯正的托斯卡纳人能从竞选中脱颖而出。所以他收到了一封来自忧郁的朱利亚诺·德·美第奇的信。这位是教皇的哥哥,"伟大的洛伦佐"的第二个儿子。他被认为在管理佛罗伦萨方面能力不足,所以在他弟弟当选教皇之后,他经敦促来到了罗马负责管理艺术事业。为了让他离开佛罗伦萨到罗马与他的弟弟会合,他只提出了一个条件:让列奥纳多来他身边。就这样,这次轮到列奥纳多被敦促去往罗马。我们不能抵抗美第奇家族。我们不能回绝他们的任何要求。这可能会很危险。

1513 年 9 月 24 日,在萨莱、梅尔齐、两位不知名的洛伦佐、凡弗亚、助手、仆人,当然还有滑稽的琐罗亚斯德的

陪伴下,列奥纳多第二次离开了米兰,并且再也不会回来了!

　　10月10日,他路过佛罗伦萨,在新圣玛利亚医院存放了300弗罗林金币,并于12月到达了罗马。朱利亚诺·德·美第奇把列奥纳多和他的随从的住处安排在贝尔韦代雷,梵蒂冈高地上。他同意支付等同于在米兰的法国国王给的津贴,每月33杜卡特金币——这是一笔巨款了。

第四部分(1513—1519)

疟　疾

　　不幸的是,朱利亚诺·德·美第奇不仅是一个忧郁的人,他的意志也很薄弱。虽然很慷慨,但是他很容易感到厌倦,审美取向动摇不定。身为新任教皇的哥哥,他被赋予了显要地位。事实上,利奥十世刚一加冕,他就决定把他的哥哥从佛罗伦萨叫来,请他作为长官指挥未来可能会发生的战役,他希望哥哥胜任这个职位。但是显然朱利亚诺根本没这个能力。

　　列奥纳多希望能在那里找到他最终的安居地。他六十一岁了。然而停留在罗马的这段时间简直是最糟的。他只感受到了烦扰,失望和侮辱。尤其是侮辱。

　　这位年老的艺术家,因他的自动装置、导演作品和庆典组织被权贵一致致敬,因他仅有的几幅杰作被同行仰慕,在整个意大利半岛都赫赫有名,却激不起一点点的同情。情况正好相反。精明的梵蒂冈政客们在他身上看到了法国的庇护,而法国的强大一直在威胁着他们。嫌疑人!艺术家们也用嫉妒的眼光看待他,他实在太有天赋

了！他们是最了解他的。拉斐尔担心会失去他在教皇心中的地位,而一直仇恨着他的米开朗琪罗则是充满恐惧地看待他的到来。此刻,正是他们占据着罗马大道上的最高地位。不过布拉曼特倒是很高兴重新找到了一个可以与他匹敌的对手。

在这座教皇之城里,生活对于没有保护者的艺术家来说很残酷。而当他们有一个保护者时,他们还要看主人或任性或专横的情绪,保护人只是把他们的工作当作是为自己的威望服务,态度没有一点点的友善。当一个艺术家接到一份订单时,他带着极度的贪婪恨不得手脚并用地保卫自己的订单,以免被抢走。他们沉浸在嫉妒、奸诈、报复的卑鄙情绪中,对待彼此的态度和金主们一样恶劣,全都是抢夺大祭司们施与的面包屑的竞争者。列奥纳多想要逃离这场艺术家间的战争。

这对他来说很简单,因为人们开始不向他下任何订单了！而且贝尔韦代雷根本不适合居住,在住进去之前,必须要进行一些工程,把它变得卫生、对身体无害。他的团队为之努力着,而列奥纳多被朱利亚诺派去寻找每年都让罗马人着急上火的蓬蒂尼亚沼泽排水的办法。在住进重新翻修好的贝尔韦代雷之前,在忠心的巴蒂斯塔的协助下,列奥纳多在这场蚊虫成灾的战场上待了几个星期。这几个星期让他患上了疟疾。列奥纳多之前一直没有生过大病,对于自己的病情他完全不了解。他以为自己要死了,将自己的事务都整理好,甚至还在一个为孤身一人者提供墓地和葬礼的非宗教行会登记了。在这种疯狂情绪的带动下,他把可以用来治愈疾病的时间也分出去了。而且他也忘记疾病是可以治愈的了。

他很惊讶,他严格注重卫生的生活方式竟没有更好地维持自己的健康。这次他病得很严重,朱利亚诺都强制命令他去看医生了。他真的需要吗?当身体松懈下来,年龄威胁着他的时候,医生又能做什么呢?只需要一分钟的虚弱,"糟糕的空气,准确来说是疟疾"[1],就向他扑来,他的一切就开始让步,屈服,倒下。他后来恢复了健康,但是他再也找不回他曾经无比信赖的身体状况了。

罗马正经历着历史上最为动荡不安的时期之一,这时炼金术士靠人们的忧虑养肥了自己。当然,人们推荐他们这么去做。但是,一直以来列奥纳多就像对待鼠疫和药剂一样,避开炼金术士躲得远远的。禁食,草药煎剂,萨莱、梅尔齐还有"巫师"琐罗亚斯德殷勤的照顾都对减缓他的病痛起了作用,尤其后者还是一位能够制作或多或少有些神奇的汤剂的大师……但是,他还是害怕,很害怕。从此之后,他知道他必然会死亡。于是整理他珍贵的"小册子",尤其是把它们出版就变得更紧迫了。

罗马的奇迹

贫困,无依无靠,列奥纳多很长一段时间都处于既没有干劲儿又不怀抱任何希望的状态中。疟疾之后,他感觉自己的身体不如以前了。但是,罗马本身不就是美的承诺和代名词吗?那么……身体一恢复,他就踏上了他的发现之路。回来时却不再安然无恙。

距离 1420 年佛罗伦萨的科西莫·德·美第奇时代已经过去了快一百年,自那之后从来没有这么多的艺术家在如此短的时间段内聚集在如此小的地方。到处都展

示着从来不敢想象的新颖。布拉曼特负责的圣皮埃尔教堂——他是建筑界的天才,可以把建筑打造成"智慧的艺术——",签字大厅,西斯廷礼拜堂……还有最近"新鲜出炉"的废墟,等等。

要想象一幅这样的场景:列奥纳多第一次闯进签字大厅的画面,身边围绕着朱利亚诺·德·美第奇、拉斐尔、萨莱、梅尔齐、布拉曼特、索多玛,可能还有拉斐尔的几个优秀学生……!

第一眼,列奥纳多就看到了一切。什么都看到了,立刻!马上!他从《雅典学院》中的柏拉图身上看到了自己。是的,拉斐尔完全是个天才。仅凭直觉,他就看穿了艺术中的所有秘密。但是,只喜欢亚里士多德的他为什么要画柏拉图呢?

当他看到西斯廷礼拜堂的时候他感受到了什么呢?陪伴着他的梅尔齐没有说。可能他很好地掌控住了自己无法忍受的情绪吧。列奥纳多参与到了一场与黑暗折磨的激烈战争中,他尽量不从米开朗琪罗的作品中识别出他自己的哭喊,他压低的哀叹,他最深的渴望……怎样才能对岩穴中的英雄史不动感情呢?列奥纳多在他的"小册子"里完完整整地记下了他的梦境:"在突出的岩石间走过一段距离后,我到达了一个巨大岩穴的入口处,在那里停留了一会儿,我感到非常惊讶,因为我一点都不怀疑它的存在;我把背弯成弓形,左手支撑在膝盖上,右手覆着我紧皱的眉头,身体久久靠向一边,又靠向另一边,来确认我在里面是不是什么都看不清,尽管浓浓的黑暗完全占据了一切;待了一会儿后,我忽然生出了两种感情:害怕与向往;害怕恐怖的阴暗洞穴,又想看一看她是否藏

163

有某些奇迹。"

如果说米开朗琪罗把他内心的感情表现得如此明显，他其实一直以来对列奥纳多都是极度敌视的态度，列奥纳多本人也是完全知道的。艺术家之间的友善似乎是禁止的。罗马一直都是"罪恶的垃圾场"，洛伦佐·德·美第奇以前就这样描述过。

罗马有超过七千名妓女，梅毒经常在这座城市肆虐。几十年后，当本韦努托·切利尼说这是教职人员之间普遍的疾病时，他并没有夸张。幸运的是，贝尔韦代雷是一个与梵蒂冈隔离的地方，就像它的名字说的那样，它处在高地上——那里的空气要好一点点——被巨型，而且几乎是未经开发的花园围绕着。列奥纳多就是在那里躲避，然后被隔离，最终被抛弃的。

小活计

布拉曼特和圣加洛对米开朗琪罗的阴险的、根深蒂固的、背信弃义的敌意，拉斐尔对米开朗琪罗的忘恩负义、之后故意的视而不见，他们所有人的嫉妒心在列奥纳多出现时团结了起来。列奥纳多比他们年长，而且在与列奥纳多的作品相比时，他们自己的作品就完全相形见绌了。但毫无疑问的是，每个人私下都是承认他的绝对优势的。但是艺术家们的生活与他们彼此之间的关系是如此野蛮，以至于他们都不得不大声吵闹。列奥纳多无论如何都想远离这些无耻的纠纷。他倚靠他的保护人温柔的朱利亚诺，在充斥着卑鄙行为的环境中幸存。朱利亚诺尽可能地支持列奥纳多，但是他虚弱的身体还有他

软弱的性格不允许他这么好斗，而且他就要离开罗马去法国结婚了。就在他离开之前，他给了列奥纳多一份订单，如果在平常，这个订单会让他高兴的，但自从人们不再向他下订单之后，这看起来更像是在羞辱他。他要找到怎么解决梵蒂冈货币磨损的办法，那些货币侵蚀得太快了。上面的图案一消失不见，人们就分辨不出每个硬币的价值了。那就是一块没有价值的钱币！他还收到了画一幅献给教皇的小圣母像的订单。其他的就没有了！不：朱利亚诺还委托他继续关于凹面镜的研究，他还从德国请来了两个专业工匠。这是朱利亚诺的梦想，也是列奥纳多长久以来的梦想。

列奥纳多利用他解决硬币磨损的工作经历，撰写了一份关于轧制程序的论文，后来对货币作坊提供了长久的帮助。这给了他很多的空闲时间，于是他向开明的教皇请求许可，让他重拾在医院的解剖研究。曾经和死亡擦肩而过让他疯狂地想要弄明白他是从哪里来的。他感兴趣的一直都是女性的子宫和生殖器官。他感觉自己的生命快要走到了尽头，于是他想要花费所有精力来誊清他关于解剖的专论，尤其是将其出版。他不拐弯抹角地写道：

> 我想要创造奇迹。为了做这些研究，你会比那些过着安静生活的人，或那些想要有朝一日出人头地的人更加安静。你将长期处于贫穷中，不论现在还是未来，就像炼金术士和发明家那样，总之，就是那些招魂卜卦者和巫师那样贫穷。[2]

这些带刺的话针对的就是那两个负责凹面镜的德国助手，实际上他们在系统地暗中破坏他的工作，直到让他

都没有兴趣去开始工作了。但是,列奥纳多从来没有遇到过比朱利亚诺·德·美第奇更智慧,更致力于艺术,更坚定地为他的工作提供便利的保护者了。而且他从来没有在如此优秀的,出色的,能激发创造力的社交环境中生活过。他本应该在那里有一个自己的位子,但他却找不到。情况本来应该对他是有利的,但他却觉得自己被排斥了。自从科西莫·德·美第奇之后,再也没有如此多的艺术家,一边感受着巨大的快乐、信任和热情,一边创作了。但是对于列奥纳多来说,快乐、信任和热情都已经丢了,当初托斯卡纳工作室之间的友善已经离他很远了。在罗马,人人为己,仇恨伺机而动。

胡子,终于

自疟疾之后,列奥纳多把头发越留越长,也任由胡子生长:他终于符合人们对他形象的普遍认知了!原来要等到他六十岁之后他才会变成人们一直以来描绘的他的样子。这样他就给人一种尊贵和博学的感觉。这也是他直到最终都想给他同时代人表现的形象,与铜板上的亚里士多德形象相近。其实那时已经是不属于他的时代了。他的同时代人完全赞同这种看法,而且恨不得将他活埋。另外,他自称为神秘宇宙的哲学家,此举更加强化了他从年轻时代开始就开始呈现出的浪荡公子的形象。他没有放弃过标新立异⋯⋯

列奥纳多本希望在罗马期间能够按照自己的意愿工作,结果却遭遇了噩梦。他以为自己待在平静的贝尔韦代雷就远离了别人的嫉妒。但是,他的停留因为几次游

学变得断断续续：朱利亚诺曾在 1514 年派他去帕尔马，1515 年派他去米兰，不仅如此，他也被各种各样的挫折打击着。作为奸诈阴暗的诡计的受害人，列奥纳多不得不试探着反抗那些稀奇古怪的人。他满怀热情地接受了凹面镜的调节工作。长久以来，他都梦想着人们可以利用太阳能，如果人们能够找到怎样接收、储藏、引导太阳能的方法……刚开始，他需要利用抛物面反光镜来使太阳光集中。为了完成这项工作，朱利亚诺给他带来的两个专业的帮手一直在折磨他，一个叫做乔瓦尼·德利·斯佩基的德国人，也叫做镜子乔，还有他的助手。镜子乔不知廉耻地从列奥纳多先前的工作成果中窃取可以为他个人所用的东西，甚至冠上他自己的名字以牟利。至于他的助手，也是一个德国人，他只会自己找乐子，在废墟里用弩射鸟①，把列奥纳多和他身边的人偷了个一干二净。而且因为这两个人也住在贝尔韦代雷，氛围变得太糟了。身体已经衰弱的列奥纳多不能忍受他这一家子被两个别人强加给他的助手给带坏了。况且他还是没有接到任何其他订单！

　　和这两个德国工匠在一起，说他们相处不好已经是委婉的说法了。但是他还是要供他们住，供他们吃，还要培训他们，来换得他们在凹面镜方面确确实实的能力。列奥纳多生平第一次请求他的保护人介入他与对立者的纷争中，希望能摆脱他们。两个月的共同工作后，镜子乔厌倦了，就像故事以传唤他作为结尾一样，他搬到了贝尔

---

　　① 对列奥纳多来说最严重的，就是仅仅为了玩乐杀死动物，他不知道还有什么比这更糟的了。他从来都不能忍受人体成为他所称之为的"尸体旅馆"。

韦代雷的木钟那里住,还偷偷地带走了他很快就发现的
大量文献资料:列奥纳多研究了很多年的用于技术领域
的机器草图①。根据列奥纳多的图纸,他制造出了可以织
羊毛的摇纱机,并向外出售,还有其他一些列奥纳多为方
便少数人生活和工作而研究制造的工业用具。

　　他们之间的争执已经恶化到列奥纳多想再一次让他
的保护者朱利亚诺介入的程度,就像以前为了寻求公正
让法国国王介入到他的诉讼中一样,但是朱利亚诺为了
迎娶菲利贝尔特·德·萨瓦,1515 年 1 月 1 日就离开了
罗马。他离开的那一天,整个欧洲都非常沮丧地得知了
路易十二的死讯。

　　路易十二的逝世和与菲利贝尔特·德·萨瓦的婚姻
瞬时间让朱利亚诺成了法国新国王的姨父。

　　朱利亚诺不在罗马的六个月对列奥纳多来说是个伤
心事。利奥十世不能保证对他的庇护。一点点的流言,
就会招致教皇的斥责,有被抛弃的风险。而 1514 年镜子
乔散播的流言就不是一点点了。他控诉列奥纳多是恋尸
癖,更糟的是,他还说,别人以为列奥纳多在医院解剖死
者,其实他是在侵犯尸体。恋尸癖,招魂术,那又有什么?
这个邪恶的助手、叛徒、诽谤者为了让列奥纳多声名狼藉

━━━━━━━━━

　　① 列奥纳多很早就对阿基米德的螺旋器感兴趣了,这是一种可以利
用滚筒里的螺旋桨抽水的装置。他早期的草稿与原本的示意图风格相近。
1480 年之前列奥纳多还画了一个在压缩空气中的摆锤,这引发了他关于时
间流逝的忧伤思考,他害怕"我们可怜的日子白白地就过去了,没有给他留
下一点记忆",他这样在小册子里记道。从沉重的负荷中脱身,将铁窗的桎
梏拔掉,抽水引水是这位年轻的工艺学家最大的关心:就像把人类的精神和
创造力与天然的力量相对,给予他掌控自然力量的方法。水力装置和阿基
米德的螺旋器启发了列奥纳多物理方面最重要的原理之一,螺旋,或者说蜗
牛壳:"一个旋涡就像是一个钻头,任何东西都不够坚硬到可以阻挡它。"

不放过一点恶意中伤他的机会，就像无名氏加迪亚诺引证的这段话所表现的那样：

> 他不仅仅检查尸体，观察解剖过程。他最感兴趣的是遇到生病的或恢复中的漂亮年轻男子，这完全是为了能满足他堕落的性取向而创造的时机。所有医院的人员都以此为耻，这该有个结尾了。必须禁止他在医院停留，在教皇面前持续制造谣言……[3]

尽管利奥十世是宽宏大量的，但他讨厌那些谣言。他必须禁止列奥纳多继续解剖，并且剥夺他进行解剖的所有可能性。这可能会让教皇蒙受同样的亵渎圣物的罪名，而招来全世界的斥责。列奥纳多期盼着来自美第奇的宽容，起码再给他一段时间让他能完成关于解剖的专论。但是他是在和一个容易受影响的教皇打交道，教皇很快就同意了诽谤者的申诉。教皇是一个真正的佛罗伦萨人，对列奥纳多来说更糟糕的是，他是一个美第奇家族的人。不管有理无理，列奥纳多都觉得，自从他在佛罗伦萨的年轻时代起，美第奇家族的人总是在妨碍他。

为了求得原谅——如果教皇真的认为可以被原谅的话——，教皇在他哥哥不在的情况下——终于——向他委托了一幅油画。列奥纳多立即开始准备油料和草料来制作一种新的釉子。据说当这个无足轻重的消息传到教皇耳朵里时，教皇大声说："这个人他什么都不做，在开工之前他就已经在准备收尾工作了。"就好像我们仍然可以预言已经六十三岁的列奥纳多的未来似的！更何况列奥纳多只表达了他想要提前知道所有他要画什么的信息，其他什么也没说。这就是为什么他会关心解剖和作为油画最后一道工序的釉子。

啊！他的坏名声一直以来都损毁他工作的信誉，还把从草料中提取釉子的制造商也卷了进来……当人们不抨击间谍或巫师的时候，就轮到与城市底层人为伍的这些制造商遭殃。通常人们可能会说，人们检举他是因为他的品行和他经常来往的下作之人。各地一直以来都是这样。在罗马，他离不开他亲爱的琐罗亚斯德，二十年前在佛罗伦萨因为沙特瑞里事件他们一起受到了牵连。对列奥纳多来说就像往常一样，琐罗亚斯德磨着他的颜料，扮演着他预言家的角色，如金银匠般刻了一把匕首求他带在身上。有机会的话，他会制造兴奋剂给体虚的人服用，或制造毒药，杀死恶人，就像在梦中一样……他是一个真正的魔法师！

不管怎样，列奥纳多仍然保持了幽默感。他维持了自己的尊严，更像是一个戏谑者，而非受伤的人。他积极地投入创作人们后来称之为捉弄人的东西中……"贝尔韦代雷一个种葡萄的人发现了一只巨型的稀奇的蜥蜴，列奥纳多借助水银在它的背上装上了用从其他蜥蜴身上剥下来的鳞片做成的翅膀，翅膀随着这只蜥蜴的动作跟着颤动。他又给蜥蜴加上了眼睛、角、胡子，把它当成宠物养。他还把蜥蜴放进他的口袋里，时不时掏出来把人吓跑……"[4] 不管这是不是真实的，这个被传记作家和著史者讲了一千遍的趣闻展现了他在罗马活动时他周围充斥着的奥义、炼金术和肆意中伤的奇怪风气。

他还重新遇到了阿塔兰忒，后者在罗马担任负责教会收入总管的职务。可能和他在一起时列奥纳多重拾了他在音乐方面的尝试。两个人都是很优秀的音乐家，尽管距离当初米兰那场著名的音乐比赛已经过去了很多

年,他们一起演奏时还是很合拍的。

1514 年底,一场始料未及的重逢发生在列奥纳多和他的一位同父异母弟弟之间。他是朱利亚诺——瑟·皮耶罗的二儿子,家族的领袖,在遗嘱纷争中与他对立的兄弟,那个为了撤销他叔叔遗嘱而向他提起诉讼的人。他三十五岁,已婚,有孩子,当然,职务是公证员。他接近列奥纳多既不是偶然的,也不是超脱功利的。这是因为尽管他的兄长是私生子,但完全不缺少对一个野心勃勃的年轻公证员来说有用的社会关系。一封列奥纳多写给教皇顾问的信表现了他为乞求者所做的努力。而另一封写给这位刚刚当上父亲的弟弟的信,与其说表现了他的嘲弄,倒不如说是愤世嫉俗:"我祝贺你培养了一个警觉的敌人,他费尽精力都只是为了赢得自由,而他的自由只有当你死的时候才会到来……"[5]

明显地,列奥纳多让人惊讶,让人张皇失措,让人不快。他众多的活动激起了教皇,还有在梵蒂冈慢慢发展起来的宫廷的好奇心。他的生活一天比一天任性,缺乏条理。人们抱怨他的放纵,说他没有能力完成委托的作品。人们谴责他已不再热爱艺术了,为了科学而把艺术抛弃了……确实,为了更好地沉浸于自己的好奇心中,他拒绝所有让步,而人们不原谅他这一点。人们让他感觉到:再也没有委托单了,而且自从朱利亚诺离开后,再也没有钱可拿了。人们忘记向他支付欠他的东西了。而他也没有那个力气去要回了。

他对暴风雨的迷恋重新占了上风。他开始只画水龙卷、漩涡、大洪水。这让梅尔齐感到不安。可能还让萨莱泄气,这比列奥纳多身体衰弱或得病更严重。贝尔韦代

雷的气氛太阴郁了,一场病让列奥纳多窥见了一些漩涡,他失去了一个决定生活中乐趣的成分,那就是他每天早上都该恢复的精力。从某种程度上来说,是他的元气,他那如此令人生畏的,如此让人受不了的活力。

不过我们要记得,水力学可能从很久以前就是最吸引他的学科了。他经常回到水力学的研究上,他认为自己真真切切地为水力学带来了新的贡献。

断　绝

萨莱是否认为从列奥纳多那里得到遗产后,已经拿到了应得的东西?他觉得他已经没有什么可期望的了吗?然而他还是在他老师即将死去之前突然离开了他。在这么多年形影不离的共同生活后,历经混杂与动荡的……他抛弃了他。就在罗马,在他生活所处的一片荒芜之中,突然,他给他们的共同存在画上了句点。尽管二十多年来,他都忠心地陪伴着他到各处,但是他止步于此。他回到了米兰,在列奥纳多的葡萄园建了房子。他并没有享受很长时间。他死于1523年的冬天。

我们无从得知列奥纳多对这难以置信的背离,对这突如其来的抛弃的感受。即使我们能猜想到,我们也不知道他是否感到痛苦,是否这是他预料之中的。他之后再也没有提起过这个占据他生命很大一部分的漂亮的小恶魔。唯一一次例外是几年后在法国,他去世的时候,但是这次只是非常吝啬地把他写进了最后的遗嘱里。

还剩下最后几个忠心耿耿的人,巴蒂斯塔·德·维拉尼斯,这位无所不能的仆人和梅尔齐一样,自从米兰之

后就没有离开过列奥纳多,还有可爱的弗朗切斯科·梅尔齐,他坚定地把自己的命运与他心中的伟人连在一起。后者一直为列奥纳多绘画中不断出现的漩涡、雷雨、毁灭性的旋风所展示的阴郁思想所担心。这是列奥纳多的渴望吗?是一种深渊的预言吧。实际上,厄运不断积累。列奥纳多把自己关在实验室里,发明神秘的工具,提炼奇怪的植物,反着书写,使用别人看不懂的镜像文字,解剖尸体……所有这些研究会激起普通人的反感,并让人疑惑究竟是哪种阴郁的天性使他从事这样的研究……科学只是一个借口吗?但是是什么的借口呢?而且那个时期大部分的医生都宣称解剖是无用的。但是列奥纳多既没有律师又没有保护人……朱利亚诺不在,没有人会再替他说话。即使1515年夏天朱利亚诺从法国回来之后,他身体也太虚弱了,他病得非常重,没有办法去帮助他的被保护人。一回来,他就去菲耶索莱修道院休养身体。实际上,是去等待死亡。他再也没有从菲耶索莱出来过。

列奥纳多感觉自己身体不太好。这不再是因为在罗马那时候得的疟疾,尽管人们从来不敢保证疟疾不会再复发。对此,编年史作者说列奥纳多和朱利亚诺一样死于痨病。甚至还有人说是中风!这与我们所知道的列奥

纳多严格的卫生习惯①完全相反,而这是所有编年史作者都一致同意的习惯。这太罕见了,所以根本不用特意强调:列奥纳多食量极小,是固执的素食主义者,他反对一切大吃大喝的行为,一直保持节制的生活。

那个夏天,他只画了萦绕在心头的漩涡和洪水。他研究了水的运动,将之与头发,与肩膀和脖子的肌肉组织的运动相比较,与缆绳和帆的装置做类比……最终,他只通过类比和联想来考虑问题。对他而言,人类的骨头就相当于地上的岩石;血管和血相当于河流的分支和流动的水;头发和发卷,是树叶和花朵……

列奥纳多毫无困难地穿梭于科学与艺术之间。反之亦然。但是他的心已经不在那儿了。是疾病启发了他的漩涡吗?不管怎样,他用来画画的右手,也可能是他身体整个右边部分就是从那时开始瘫痪的,编年史作者们又一次没有在这点上达成一致。是他的右手还是身体右部?又是否在 1515 至 1519 年这段时间缓慢瘫痪的?

---

① 关于这个话题,应该读一下这首出自小册子的滑稽的十六言诗。我们可以看到,诗中总是离不开淫乱和美食,教会称之为"身体的罪孽黑洞":

"如果你想保持健康,遵循这个食谱。在没有食欲的时候不要吃东西,晚饭要吃得清淡。好好咀嚼,保证吃的东西是熟的,是简单的。吃药的话反而对身体不好。

莫生气,避开沉重的空气。吃完饭后笔直站立,不要睡午觉。饮酒节制,少量多次,但是不要在餐外饮酒,也不要空腹饮酒,去厕所不要耽搁。

如果你锻炼身体,运动要适度。不要趴着睡,头部不要朝下,晚上要盖好被子。让你的大脑休息,让精神愉悦。远离淫欲,遵守饮食上的清规戒律。"

最后的侮辱

另外一个造成他内心苦涩的原因可以说是好的也是不好的，那便是布拉曼特于1514年年初逝世了，他也许是列奥纳多在罗马艺术界唯一的盟友。准备接替他位子的，除了自美第奇登上教皇之位后，被罗马吸引来的众多艺术家，拉斐尔，米开朗琪罗和列奥纳多，这个时代最伟大的三个天才也同时聚集在这里。列奥纳多的名字应该是最合适的，他是唯一一个能够谋求建筑师职位的人。就连病重的朱利亚诺也这样提醒他弟弟，但是利奥十世仍旧固执地不信赖列奥纳多。好像故意似的，他很长时间都没有选定布拉曼特的接替者，很明显是为了最后把任务交给他偏爱的画家，好系统地暗中破坏布拉曼特的工作。

教皇指派拉斐尔去接替布拉曼特，这一过程充满了各种诡计和战争。"列奥纳多兴致勃勃地去发明可以减轻人们辛劳的新工具，制造可以促进指甲生长的，或是可以让他在他可怜的情人面前重振雄风的药膏，列奥纳多一定会忘了他工作的目标是尽快修建圣皮埃尔教堂的圆顶……"[6] 教皇就用了这几句话判定应该选择拉斐尔而不是列奥纳多。

拉斐尔三十岁。他是时代的宠儿。他比米开朗琪罗这个可怜的巨人更受欢迎。米开朗琪罗已经因为嫉妒和悲伤而变得盲目，他以前有多恨列奥纳多，现在就有多恨拉斐尔。

一被任命，拉斐尔就宣称布拉曼特的设计不符合逻辑。他毁了他的伟作。圣皮埃尔是被看作类似当代的万

神殿的地方。冠上他的名字,就是保证了永恒性。布拉曼特最大的荣耀就是构思了计划,米开朗琪罗的一部分荣耀是建造了它的穹顶,他为此贡献了他生命最后的二十年。这都说明了圣皮埃尔不管是现实中或象征意义上都有着相当大的重要性。现实是,列奥纳多完全没被考虑在内。这份提名应该属于他,这能保证他生命的最后时刻充满荣耀,即使不是,也会是一个幸福的晚年。对于利奥十世明显的反感,列奥纳多感到越来越伤心。

幸运的是,比起梵蒂冈艺术家内部之间的争执,教皇越来越关心对外政治。自 1515 年年初登上法国国王之位后,弗朗索瓦一世迫不及待地要夺取意大利的王冠。这理所当然,所有的法国国王都有这个计划,他们认为他们对几个意大利的城市是有合法统治权的。佛罗伦萨人自然是法国人的同盟,他们理解他,甚至迎合他的要求。首先从朱利亚诺开始,他怀里抱着列奥纳多的作品和画去迎娶了弗朗索瓦一世的姨母。

对意大利心驰神往

在入侵意大利并攻占它之前,新国王中途在纺织品商的大城市里昂停留了一下,这里其实也是佛罗伦萨人的大城市。值此之际,他们举办了一个大型的庆典来庆祝弗朗索瓦一世登上王位。庆典过程中有一只机械大狮子走向了国王,好像认识他一样在他面前停下,拍着胸口从那里喷出它为国王隆重献上的一朵朵百合花……国王对这个自动装置留下了深刻的印象,这在法国完全没有见过。于是国王询问像这样的杰作的作者是谁。人们说

是一位神秘的意大利学者,而且可能还在世。真巧,意大利就是他要去的地方。

他极其敏锐的战略嗅觉——虽然发生过对意大利君主的判断错误——为他打开了去往意大利的大道。

1515 年 8 月 15 日,弗朗索瓦一世通过阿让蒂耶尔山口进入了意大利……这是以前从没有人做到过的!由此他开创了一条从南部进入意大利的道路,出其不意地震惊了所有人。教皇和他的瑞士军队完全没有料想到,他们被法军围困,很快就被攻破了。

1515 年,马里尼亚诺

这位新国王走到哪里,他就攻占哪里的领土。直到马里尼亚诺,法国的胜利,同时也是意大利的失败,或者说是意大利一部分的失守才被正式承认。10 月 16 日,弗朗索瓦一世成了米兰的主人。这场力量的示威已足够强迫教皇去进行协商了。

这场会面于 1516 年年初在博洛尼亚举行。教皇得知了在里昂时那头自动狮子在新国王面前取得的成功,于是他要求列奥纳多必须加入代表团中。当有需要的时候,就能想起他的存在。这无疑是最让列奥纳多伤心的。所以他的不稳定的处境和他的被孤立并不是偶然。既然人们在需要的时候知道去找他,那么他就是被故意遗忘的。气恼的列奥纳多拒绝跟随教皇到博洛尼亚,但是不论年长与否,不论疲劳与否,人们是不能不听从教皇的命令的。况且法国人给他的印象一直都很好,所以为什么不去见见这位法国国王呢?

当时，弗朗索瓦一世"年轻，着迷于寻找乐趣和冒险，只想着现时幸福的明亮，渴望身心都沐浴在其中"[7]。他喜欢女人的名声比他本人还先到达。关于弗朗索瓦一世，我们知道他喜欢美，喜欢所有事物的恩泽，喜欢爱与快乐，喜欢优雅的好口才与奢华的艺术……不要忘记他的前任国王为了自己的荣耀和法国的财富，已经希望将他眼中最出色的艺术家——列奥纳多·达·芬奇——纳入麾下。他可以组织世界上最完美的庆典。他可以创造出名的自动机械。

博洛尼亚

弗朗索瓦一世带着极大的热情接见了列奥纳多，把他当作值得最高尊敬的客人，当作其名声可以助他征服民众的朋友来看待。列奥纳多跟在教皇的随从里到达了博洛尼亚，然而实际上他比教皇受到了更隆重的接待。如同命运的玩笑一般，年轻的国王宣称他第一个要见的是列奥纳多，他做梦都想结识列奥纳多，他要与列奥纳多交谈。教皇的算计是对的，尽管教皇的队伍看到自己因为一个贝尔韦代雷的老头被无视了感到很不快。

国王委托列奥纳多在米兰导演一场庆祝他即位的庆典。在那里，列奥纳多第一次将自己的自动机械草图托付给别人，让别人来执行，这从此之后让所有欧洲宫廷的庆典都名声大振。这就是被同乡人蔑视的艺术家的报复！他还参与了国王与教皇间的会面，教皇几乎不惜一切代价，谦卑地恳求和平。在所有伤害过他的罗马枢机主教面前，列奥纳多胜了。轻浮又调皮的作风又回来了，

他以讽刺画的形式,完全不受拘束地画了他以前的敌人,高声抨击了他们的怪脾气和无知。这些话在利奥十世听起来越刺耳,就越能逗乐国王。

弗朗索瓦一世很快就迷恋上了列奥纳多,对此,任何一个美第奇人,即使是教皇,也无可奈何。国王向他提出各种奇妙的想法。但是列奥纳多太累了,太累了。同时,就像他每次骑马上路一样,从罗马到博洛尼亚治好了束缚他已久的忧郁,这在贝尔韦代雷时是没有办法治愈的。

回到罗马

但是教皇回到了罗马,列奥纳多也随教皇的队伍最后一次回到了罗马。一回到贝尔韦代雷,沮丧的情绪再一次侵袭了他。还是没有订单。萨莱的缺席让这种感觉更强烈了。然而在他的"小册子"里没有一点悲伤的痕迹,正相反,在那里可以看到我们的普罗米修斯几乎为屈服于悲伤而感到耻辱。他恢复了沉着的心境,尽管他又一次生病了。这次是疟疾的复发还是某些读过"小册子"的人所判断的痛风发作呢?从远期来看,这次生病导致了他四肢的瘫痪,首先就从手脚开始。他的躯体又跟不上他了。米开朗琪罗很喜欢也很擅长激起别人对他痛苦的怜悯,但列奥纳多却一直压抑着自己的叫喊和呻吟。随着年纪越来越大,他出行时越来越频繁地戴着面罩。什么也不显露,什么痕迹也不留下,如果不是他的"小册子"中有提到这些悲惨,如果不是他同时代人的见证,我们只会知道他的愉快,他的机灵,他的幽默。在罗马重新遭受的穷苦加剧了他的疯癫。除了那只一直待在他口袋

里,时不时拿出来吓人的蜥蜴外,他还给羊肠充气让它们
涨得很大很大,飘在有客人的屋子里吓唬他们,然后以此
为乐。他从来都没有丢掉他让人受不了的幽默。尽管罗
马带给他的悲伤越来越多,但是编年史作者们依然赞扬
他的从容,他坚定又平和的性情。这是一个非常喜爱和
平的人,他对战争的厌恶不是唯一的表现,他对恶人的态
度也很温和。当人们经常把他的性格与可怜却又可恶的
米开朗琪罗的性格相比时,就更明显了。列奥纳多的一
生中,都是富足而不是匮乏激起了他的创造力。

自他从博洛尼亚回来,情况变得更糟了。列奥纳多
知道他周围全都是敌人。德国人的计谋只是其征兆。接
着,1516 年 3 月 17 日,忽然整个意大利都沉浸到哀悼中。
朱利亚诺,英俊的、温柔的、忧郁的朱利亚诺·德·美第
奇走了。他突如其来的逝世让列奥纳多陷入既没有保护
人又没有支持的境地中。他在罗马的最后一段日子里曾
写下:"美第奇人打造了我,美第奇人摧毁了我。"[8] 以前朱
利亚诺虽不在罗马,但他的存在还是保障了列奥纳多的
生活。现在朱利亚诺一去世,再也没有人保护他了,也不
再有可以让他赖以生活下去的人了。而这时的处境让他
越来越感到被保护的需要。他也不知道为什么,就是觉
得威胁在上升。因此他认真地考虑要离开罗马了,但是
以什么为生? 怎样谋生? 去哪里呢?

意义重大的再出发······

1516 年 8 月,他还在罗马。但是他似乎已经拿定了
主意。他回到米兰整理了下自己的事务,让弗朗切斯

科·梅尔齐看望了家人,可能还跟萨莱说了永别。但是关于此事,既没有记载又没有痕迹。

这么多年以来,这是他第一次独自一人,没有萨莱在身边,没有情人。萨莱毫无疑问是他生活中的一件大事。尽管我们什么也没法确认。而且他自己也试图去掩盖,去否认这件事的存在。但是根据那些笔记,那些挑逗性的,甚至是色情的画①,还有当时人们的亲眼所见,还有主仆之间、师徒之间数量巨大,惹人生疑,无法解释的钱财交易,这只让人想到那些复杂的关系,而那些关系也正是因为它们的复杂性而一直存在。列奥纳多忍受这个可恨的小流氓在他身旁作恶了二十多年,而且他的横行霸道经常严重妨碍了列奥纳多,这些现象只能用不理智,用爱,用热情,用不断苏醒的渴望来解释了。尽管萨莱一直在妨碍他,但如果不是他预见到了主人的去世而从他身边消失的话,列奥纳多会永远留着他的。

列奥纳多的朋友、仆人、助手和其他学生都告发他,排斥他,不信任他。似乎残酷凶恶的萨莱从不错过任何一个作恶,偷盗,损坏物品,妨碍他人的机会……列奥纳多是怎样爱上他,爱他如此之深,而且爱了他那么多年,这是他人生中的谜团之一,虽然他人生一点也不缺少谜团。

我们很容易就可以想象到他的无依无靠。被他的爱人抛弃,自朱利亚诺死后失去了保护,被教皇遗忘,如果不是被遗忘也是被罗马的艺术家群体所驱逐了,他现在已经沦落到类似乞讨的地步,不能说他的名字,这给他带

---

① 随着时间渐渐成熟的萨莱的俊美的脸庞重复出现,所有的裸体,所有画中的勃起的性器官,这些草稿中的涂鸦……这一切都是有意的。

来了更大的耻辱,看着他的积蓄一点点消失,没有重新赚回的希望,因为人们再也不向他下委托订单了,那么回应法国国王恳切的邀请怎么样呢?弗朗索瓦一世的许多封信表现了他对艺术家的兴趣,这位如此年轻的国王给予这位古怪的老年人巨大的关注,让人觉得他完全理解列奥纳多的处境。朱利亚诺去世后,国王越来越坚持,就好像他知道列奥纳多失去了在意大利最后的保护人。

年事已高,身体虚弱,跨越变幻莫测的阿尔卑斯山始终是件危险的事,而且冬天要来了,尽管如此,因为国王的礼貌和列奥纳多确实身处的贫困,他接受了国王的邀请。动身,出远门,这些从来没有让他害怕过,但是现在不一样了。这次的迁居必然是永久性的。他没有用幻想来自己哄自己:如果他今天离开意大利,那就是永远离开了。他不会再回来了。他会死在法国。就像是无法撤回的流放,要向他的祖国说永别了。而国家的概念对于列奥纳多来说并无太大意义。过去的经历千百次地证明过,他先天的自由性情使他不依附于任何一块土地,一个主人,或一个党派。但是家乡的食物,谦恭的话语,童年时的托斯卡纳方言,还有他深深的根……他将这些全都抛弃了。

冬天就快要来了,他既没有时间也没有办法犹豫了。如果他要接受国王的提议,他应该在下雪之前立刻动身。

很奇怪的是他的离开与他三十五年前逃离佛罗伦萨倒是很相似。不同的是这次国王给他派遣了一队随从帮助他搬运东西,好让他翻越阿尔卑斯山时不会有太多问题。列奥纳多在害怕、困难和欲望面前从来没有退却过。这次也不会退却。

法　国

列奥纳多、弗朗切斯科·梅尔齐、巴蒂斯塔·德·维拉尼斯、大师忠实的仆人们忍受着严寒，在几头骡子拉的车上颠簸着，车上承载了列奥纳多整个人生和他所有作品。他们越过了伦巴第、皮埃蒙特，骑马登上了阿尔卑斯山，沿萨瓦而下，跨过了阿尔沃河谷……列奥纳多为了能回想起他的旅途全景就是这样记载的。一过热内弗尔峰，这一年早早来到的寒冷与风雪让最后一段旅途变得极其艰难。这趟危险的长途跋涉在似乎无止境的颠簸中终于结束了。列奥纳多既没有欣赏到沿途的风景，没有感受到索恩河的蜿蜒，也没有因到达卢瓦尔河谷而开心，甚至没有因风尘仆仆赶来热情迎接他的国王朝臣而感到高兴。弗朗索瓦一世没能亲自前来。政事的原因，他身在他处。但是一得到解放，他就急忙赶来会见他心中的伟人。他还把列奥纳多安置在他自己从小长大的城堡里，距离他的宫廷昂布瓦斯只有几步之远，他每年都会在那里待一段时间。那里还住着他的母亲和他深受爱戴的姐姐——玛格丽特·德·瓦卢瓦。他姐姐也非常喜爱列奥纳多。

巴黎的国家档案馆拥有一份付款凭据，上面写着"给意大利画家列奥纳多·达·芬奇大师两年两千埃居的津贴"。这样他每年就可以领取一千埃居，这是一笔巨大的金额。通过这份档案，他还被正式任命为"国王的画师"。这还没有算上国王在他到达时送给他的所有礼物。

我们猜想不只是因为钱的承诺让列奥纳多投奔了弗

朗索瓦一世,也不是因为他提供了如此大规模的住所、食物、报酬、赡养、对未来的保证,即使列奥纳多的一生都希望获得这样的宁静。真正让他决定背井离乡的,是国王的魅力,他的优雅,他向列奥纳多展现的仰慕之情。被列奥纳多所感动、为他着迷的国王丝毫不向他吝惜自己的热情和慷慨。六十四岁的艺术家如果决定远居他乡,那么一定是因为国王给他提供了能够安享晚年的和谐环境,他是如此向往这样的生活,尤其是被萨莱抛弃之后。

对他来说,机会与奇迹就在都兰的风景之中。他很快就对此着迷。国王送给他的舒适的小城堡帮助他适应了新生活。送给他,是的,还送了所有的家具和毗邻的土地。国王优雅地补充道,只要列奥纳多还在法国,他就可以利用它们做对自己看起来有利的事,包括把它们卖了或送人,总之他享有所有的处置权。

列奥纳多对他在宫廷里享有的名望非常高兴,而这名望在他出现之前就已经流传已久了。这是份荣耀。列奥纳多一直到自己年老体衰、背井离乡,才终于等来了他渴望已久的认可,而这份荣耀和财富也许可以让他着手进行新的杰作……

终 曲

我们发现列奥纳多一直都喜欢、热爱自然。那是他灵感和快乐的第一源泉,也是最终的一个。在卢瓦尔河畔的静谧之中,乡村对他来说是一个很大的慰藉。而且这个家让他安心,住在那里让他感觉很好。厚厚的围墙,完美的房间布置。一层楼专门用来工作,和梅尔齐一起

检查校对他的"小册子":他基本的日常事务就是誊清他的书,为了有朝一日能够把它们出版。主厅有一个很大的烟囱,邻近工作室的是一个能够看见卢瓦尔河的卧室……除了到达时国王送给他的极好的马厩之外,国王还把女厨师玛居丽娜派来,国王小时候的饮食就是她负责的。离那里不远①,就是隔居一方的皇家城堡昂布瓦斯,使克鲁②保持着一个小港口的安宁和清静。

克鲁是一个建成不久的新式城堡。那里的舒适度也是列奥纳多这个年纪所赞赏的。这座小城堡由红色的砖块和灰色的石灰华建成,坐落在一片稍有坡度的土地上,四周围着配有小型瞭望塔的围墙。围墙间有一个长廊,形成了类似凉廊的地方。再往下的地方有果园、菜园和围有绿地的池塘。

那个时代的法国,一切都在变化之中。美洲的发现,君士坦丁堡的陷落,印刷术的发明,这些发生在弗朗索瓦一世统治之前的事件都在物质和精神层面为扩展人类的领域做出了贡献。这个新世纪也在追逐着一个新世界、新的宇宙,政府想尽办法增加自己的财富,为他们的尊贵增添物质繁荣的威力。这就是列奥纳多对于弗朗索瓦一世来说所扮演的角色。他为国王带来了最初的,也可能是唯一真实的文艺复兴的回声。

列奥纳多一在克鲁安置好,国王就请他为自己第一个儿子,皇太子亨利的洗礼仪式组织一场庆典。1517年5月3日,在昂布瓦斯举行了一场带有佛罗伦萨特征的双

---

① 准确来说,是八百米。

② 即今天的克洛—吕斯城堡,由路易十一的执行官艾蒂安·勒卢建于15世纪末,列奥纳多1499年在米兰熟识的利尼子爵曾居住于此。

重庆典。一是国王儿子的洗礼仪式;二是国王外甥女,马德莱娜·德·拉·图尔·德·奥弗涅,与教皇的侄子,美第奇家族的洛伦齐诺的婚礼。在去参与庆典的佛罗伦萨人中,许多人都兴高采烈地向列奥纳多致意,而当列奥纳多还在佛罗伦萨时很可能他们是瞧不起他的!尽管有这些好的征兆,这对夫妻两年之后就死了,留下一个女儿卡特琳。她后来成了著名的"蛇蝎王后"卡特琳·德·美第奇……

庆典场地上立起了一座凯旋门,上面置有一尊裸像,雕像一只手拿着百合花,另一只手呈现的是海豚(代表国王的儿子)。一边是写有国王拉丁文座右铭的蝾螈①:"我滋养正义之火,并消灭邪恶之火"(Nutrisco et extinguo),另一边是一只写有斯福尔扎家族格言的白貂:"宁可清白死去,不被玷污折辱",这对列奥纳多来说象征着他的朋友切奇利娅·加莱拉尼,就是那位著名的"抱貂女郎",列奥纳多以前在画这幅画时得到了很多乐趣。

十五天之后,一场新的庆典!为了庆祝两年前马里尼亚诺的胜利,列奥纳多准备了那些后来我们称之为"戏剧效果"或者说是"特效"的,神奇的科学机械和惊喜的效果。现在只能看到他留下的戏服素描画了。驯鹰人向天空中发射纸和布做成的炮弹,大炮发出震耳的声音向人群中发射气球雨,气球一接触地面就又四处弹起来,不会

---

① 在神话中,蝾螈是一种生活在火中的生物。它经常被选作勇气和能够忍耐痛苦的象征。阿拉贡的胡安也把它用在自己的座右铭里:"我耐心忍受"("Durabo")。弗朗索瓦一世是首先选择蝾螈作为象征物,并把它的形象用在很多城堡里的人之一,尤其是布卢瓦城堡和香波城堡。蝾螈也被作为纹章,表示坚定和正义,代表在火的折磨中仍然表现镇定、不受伤害的人。

伤害到任何一个人,大家都哈哈大笑了起来。新发明给
大家带来了巨大的惊喜。

都 兰

年龄还没有熄灭他的天才之火。通过他的装饰、服
装、机械和自动装置,列奥纳多不费吹灰之力就可以让王
公贵族和朝臣眼花缭乱,尤其是让他们高兴了。这些对
他来说都是老发明了,他比以前能更好地将工作委托给
别人制作,自己只是在这里或那里修改润色一下。这让
他感到很有趣,就好像对他来说再也不会有任何挑战了。

国王将他安置在克鲁有几个原因:皇室经常会待在
昂布瓦斯,所以这不是流放。相反,那里正好是国王希望
他着手进行工程的地方。

首先,需要在卢瓦尔肥沃的河岸上新建一所宫殿,因
为皇室人数越来越多,那里富裕的领主们以建造比邻家
更美丽的城堡为荣。国王让他在那里构思一座新型的宫
殿。我们后来发现了他为这座坐落在罗莫朗坦的宫殿所
画的图纸。

然后,昂布瓦斯紧靠着索洛涅这个美丽的沼泽之乡,
同时也是热病之乡,那里的污水处理系统相对来说直到
20世纪后半叶才出现! 然而人们一直在尝试提供方案。
四个世纪后才有了与列奥纳多相同的方案!

列奥纳多研究了地域、河流系统、卢瓦尔河域的地质
状况和它的支流,很快就设计出了可以净化这个阴暗贫
瘠的地方,使之肥沃起来,还能缩短到意大利的路程的运
河方案,直通索恩河,连接都兰和里昂——当时两国商业

合作的枢纽。这是个很容易就可以实现的计划。但是不论列奥纳多还是国王都没有将之实施到底。因为缺乏毅力吗？还是因为国王派去实施计划的人能力不够格呢？

在他所有的计划中，列奥纳多总会把那些微不足道的事形容得非常野心勃勃。比如说把厕所装配上有平衡锤可以自己关上的门，以及最雄伟的楼梯。螺旋型的楼梯，就像后来确实在布卢瓦城堡实现的那个，我们习惯将之归于他名下，其实没有真实的证据，只有一些分散的图稿似乎可以证实这段传说的存在……

一些编年史作家说他病了，但是他却乘着皇家坐骑跑遍了都兰的大街小巷和索洛涅的沼泽。而且他还工作了，至少他很可能在纸上建起了国王心中理想的宫殿，将罗莫朗坦这座小镇变成了王国的首都。自从百年战争之后，王室就住在卢瓦尔河流域，不信任巴黎，忠于勃艮第王朝。图尔作为法国政治、金融、思想的首都，没有办法再扩大土地了，因为卢瓦尔河阻碍了它。这就是为什么国王和列奥纳多想要从一片荒地上凭空建起一座城市来。

列奥纳多的图纸证实了他想要重新实现他二十年前遗留在米兰的理想城市之梦。

在1517—1518年间，列奥纳多经常伴随国王左右出行，他试图实现自己的每一个梦想，或者只是想象着并高声说出他对某片风景的构想，作为对梦想的回应。他的任务是给索洛涅排水，这片像海绵一样浸透了水的富饶宽广的平原被不干净的沼泽所覆盖着。在威尼斯和罗马周边，列奥纳多已经给沼泽排过水，他知道怎样规划这种类型的工作。这次他没有亲自去监督，但他至少还是安

排了工程的所有步骤。

回到克鲁后的每天晚上,列奥纳多都向梅尔齐口述将国王的梦想先实现在纸上的办法。剩下的时间,他尽力指点梅尔齐,整理他的"小册子"。他还是抱着能够完成其中一部分的希望,尤其是关于绘画和解剖的专论。他可能还想完成关于人类飞行的研究……

最后的庆典,最后的叹息

1518年春天,为了未来的布列塔尼公爵,即弗朗索瓦一世之子的洗礼仪式,列奥纳多最后一次扮演了他首席机械师的角色。庆典极其奢华。只注重瞬间享乐的年轻国王梦想着从此之后法国宫廷成为优良品味的典范。在这种追求奢华的安排下,列奥纳多采用了一种复杂的艺术,其中转瞬即逝的创造满足了他的幻想。画家、建筑家、布景师、服装师、机械师、工程师,他如此多样的才能让王公贵族们甚是开心,而且他还很会将自己的才能运用于多样的即席之作中去。

很明显,国王喜欢他,亲自去拜访他,高兴有他的陪伴,而且向每一个愿意听的人重复道:"我不敢相信世界上竟会有像芬奇一样知晓如此多事物的人,不只是作为哲学家的他,还有作为伟大艺术家的他。"[9]

列奥纳多是在弗朗索瓦一世的要求下才完成他的《施洗者圣约翰》吗?没人敢断言。或者是他画了一幅新的……?我们可以从罗马追溯到这幅《施洗者圣约翰》的早期踪迹。这幅停留在法国,或者说是回到法国的画,是一幅绘画技巧最为成功的画。

切利尼到法国时见到了列奥纳多,他描述列奥纳多是一位"非常有礼貌,无所不知,无所不能……"的老先生,列奥纳多为城堡和运河设计图稿,尤其是组织庆典。我们都知道,列奥纳多的主要工作就是这个。庆典接着仪式举行。列奥纳多又为之付出了新的热情。他就像孩子一般,每次奢华的庆典上,都放任自己沉浸在大家的激动和喜悦中。

最为惹人注目的庆典是 1518 年 6 月 19 日在克鲁举办的,一些传记作家说是为了向国王表示敬意,而另一些传记作家则认为是国王邀请了他的宫廷,来为他亲爱的艺术家献上荣誉。不管怎样,在列奥纳多的指导下,庆典进行得很顺利。他是以米兰的"天堂盛宴"为概念来设计的。

他把白天变成了黑夜,然后按自己的意愿又将黑夜点亮。他重建了一个充满光亮的穹顶天堂。为此,他组织建造了一个巨大的木制框架,上面盖着布满了金色星辰的蓝布,类似于一个长 18 米宽 9 米的帐篷,在里面又为尊贵的客人们搭起了一个看台,支撑着看台的柱子装饰有多彩的布料和由常春藤做的王冠。他将低垂的夜幕、灯的光芒和夏日的芳香结合在一起……在舞台上空吊布景的地方,他还挂了一些天体和主要的行星,太阳、月亮、十二星宿,点燃了百把火炬来更好地制造白夜的效果……一条发光的银河出现在最后的影子芭蕾中。这就是他所制造的天国幻象,编年史作家们在五十年后仍然对其满口称赞。五百年后也是。这是出自列奥纳多之手的最后一个盛典。他还导演了一些其他的典礼,但都只是远远地指挥,没有亲自去查看,也没有参与。最后的一

个庆典正是在他生命的最后一晚,在他逝世时举行的。可以说人们是照着他的导演、他的舞台装置,在圣日耳曼昂莱举办了国王二儿子的洗礼仪式,而此时正是列奥纳多将灵魂交付上天的那一刻。

像他的人生一样未完成

他在法国有没有再次半途放弃作画?曾有传言说,他在克鲁又画了一幅《丽达》或《波摩纳》——丽达是全裸的,她的膝上有一只天鹅,眼睛害羞地低垂着!近年来,有艺术史学家,如丹尼尔·阿拉斯表明,列奥纳多因为右手瘫痪在法国什么也没能画成!他只能画素描和写字,做所有他可以用左手干的事。不管他有没有着手画、修改或是整理他一直带到这里的画,他又一次,也是最后一次,没有完成它们。就像任何人的一生一样戛然而止,尤其是像他就要走到尽头的生命一样。

为什么会有如此多的未完成作品?

艺术家难道不会总认为自己是其作品的父亲吗?大概或多或少都会吧。如果这样的话,那么对列奥纳多来说,他那叫人受不了的未完成的习惯是他与父亲的关系造成的必然结果吗?像他父亲一样,无休无止地生育并且对此毫不关心,就像生下列奥纳多,然后就再也不关心他了!不管怎么看,他父亲都不再关心他了。后来得到任何的关怀都没有办法改变他的强迫症,不管他的强迫症是不是来源于他童年印象。从很容易就能得到的推理

或是不可详知的现实来看，列奥纳多既没有完成他的作品也没有完成他的人生，而且他让世人皆知，闻者叹息。但是我们难道不可以像一些历史学家那样提出这种说法：正是因为他的三心二意，因为他总是未完成的作品，才丰富了他的视角吗？

围绕着最后几幅作品的谜团

现在，我们认为他是在罗马画了他的第一幅《丽达》……他是在罗马着手画了一幅或两幅、甚至更多的《施洗者约翰》，一两幅《巴克斯》，还有他著名的《肉身天使》……

在法国他又作画了吗？我们重回这个问题。

现在几乎可以确定的是，他开始画几幅代表作（《蒙娜丽莎》《施洗者圣约翰》，一幅《圣安妮》，可能还有一幅《巴克斯》）的时间可以追溯到他在罗马的时期，尽管他在克鲁的时候也一直在修改它们。列奥纳多把它们随身携带到各处。但是他还做了其他的事吗？没有人可以证实。他能用左手画素描，而且我们如今知道他从没有停止过继续画他的最后几幅画，通过他的手指（他的指纹证明了这点），但是他能"画画"吗，能用画素描的那只手上色吗？我们没有答案。他在"永恒之城"①完成了它们吗？大概没有吧。然而他到去世为止都喜欢用一种卖弄的方式来展现他未完成的作品，又怎样才能知道呢？由画中一系列晚熟的美男子来看，安德烈·格林确信：

————————

① 罗马因建城历史悠久而被昵称为"永恒之城"。

所有的矛盾都在于此。不仅仅是男性和女性的矛盾,还有一些心醉神迷,混杂了一些伤心甚至是悲痛。同样的,嘴巴半是性感半是童真,似开又合,保持着沉默,又好像正要开口说话。当然飘动的发绺画得很绝妙,但是这种特性让人同时联想到男性和女性。但是我们确实感到了些不自在。[10]

我们知道他带走了《蒙娜丽莎》,这幅画之后再也没有回到过意大利[①]。他将画献给了法国国王。这对他来说是赢得永恒的最好机会。国王死后,它被归于皇家收藏之列。毫无疑问《施洗者圣约翰》也走了这条道路。但是,是哪幅《施洗者圣约翰》呢?又是哪幅《蒙娜丽莎》和《丽达》呢?是我们今天在卢浮宫看到的吗?

在列奥纳多的行李中,没有人曾见过一幅裸着的或穿着衣服的《丽达》,一个病态的《巴克斯》……可能也没有一幅《圣安妮》。我们甚至不知道这些作品是怎么问世的,也不知道它们最终是怎么留在法国的,更不知道它们是不是我们今天在卢浮宫看到的那些画……

我们好像已经习以为常了,和列奥纳多有关的谜团总是没办法解开,五个世纪过去了,还一直处在这样的阶段,我们觉得恐怕永远都找不到答案了。不管是哪一幅,他都要把画放在他身旁,即他向梅尔齐口述的"小册子"里提到的工作室里。他被这些脸庞包围着,环绕着,因为多次的修改,画被摊开放置了好几年,这些面孔或多或少开始有点像萨莱了。我们不能怀疑的唯有这点:不管有

① 除了在20纪初它被卢浮宫的看守偷走带回意大利之外……意大利,它的故乡!

没有瘫痪,他都非常享受修改自己画的过程,加一点黑色,加一点蓝色,透明度再多一点,总是对这儿、对那儿感到不满意,就像在脸上的轻抚,直到最后一刻。

至于有人尝试对他的《施洗者圣约翰》(们)进行的解释,就像他另外那些晚期的作品一样,它们来自如此长期的完善和如此之多的提议……以至于每年,以及从此之后每个十年、每个世纪都有迹可循。

在这些作品里,为了完善汇聚了人类最美妙特点的纯粹的女化男子,列奥纳多敢于无视(对他来说)难以容忍的性别对立。在他眼里,女化男子显然取代了美男子,成为他心中完美的象征。他以自己的方式创造出了第三种性别,创造出了高于男性和女性的种族,因为他只从男女两种性别中提取了最好的部分;而保留了不幸的部分。《施洗者圣约翰》有力地证明了这一点。

不仅仅是这样。只要把《施洗者圣约翰》《巴克斯》和这幅奇怪的素描——我们称之为《肉身天使》的以水彩和涂鸦隐约衬托的画——放在一起看。这幅近似于涂鸦的素描,晦涩地表现出了处于勃起状态的巨大的生殖器,激起了纠纷和震动。《肉身天使》似乎披露了达·芬奇的性特征。人们只要粗粗一看就一目了然,就好像没有其他的证据能让他的同性恋倾向公之于众似的。诚然,三幅画中的男子都把食指指向天空,相比其他两个,巴克斯的手指方向不是垂直的,但他还是指了的。然而这个动作有一个确切的含义,不是人们今天所赋予它的下流的意义。它指的是"向圣母玛利亚的礼赞,好让她能在她的儿子面前为我们这些可怜的罪人求情"。但是当这个病态的同性恋"堕天使"做这个同样的动作时,它难道不就明

显变得色情了吗？或者更糟了。至于"异教的巴克斯"，他指着某个方向的手指，加上他缺失的翅膀，他的面孔——也许是列奥纳多画中最雌雄难辨的脸庞，他那对于男孩来说过于奇怪的胸肌，显得女性化的沉重的身体，单单这个形象就反映了世界的模糊性。在这幅画里巧妙地共存着、混合着最高的精神境界和最底层的欲望……

化为天使的《施洗者圣约翰》变成了平凡的人。性别转换变成了男扮女装，在他身上，天使的致意竟和大街上的拉客差不多，模糊的食指含义变成了勾引，关于圣母玛利亚的联想消失得无影无踪。因为这个化为凡人的天使有着空洞的眼神，损毁的面容，放荡的或是衰弱的表情，或者两者兼有。这难道不会让人联想到后来的艾滋病患者吗？这些新创造出来的女化男子，有着丰满身躯的带有女性娇弱的漂亮的年轻人们，并不低垂眼帘，而是用神秘的胜者的神情打量着我们，就好像他获得了一场伟大的凯旋，因为他知晓不能被言说的幸福。他魅惑人心的微笑甚至让人猜测这是一场暗恋。

我们在《丽达》里看到了同种类型的变体，不论是第一幅还是第二幅，不管是裸着的还是穿着衣服的。接连的几幅《圣安妮》也一样……最后几年里诞生的所有形象都既是性感又是灵修的精华，就好像列奥纳多终于抓住了男人身上最罕见的和女人身上最珍贵的东西。那就是放荡与神圣的共存。

一步步走向尽头

这是一个糟糕的时刻，原本躲藏在阴影里的伤感全

都涌现了出来。年轻,力量,美丽,它们都变得怎样了呢?为什么已经如此疲于寻找天空的秘密的呢? 他就像一个放纵的老年人一样脸上长满了皱纹,秃头①,牙齿掉光,早衰,四肢一点点地变形,曾经驯服过最倔的马的右臂也瘫痪了。这就是生活吗? 竟然能沦落到如此地步! 无声的忧愁,潜在的绝望,都促使他在年轻时画了《圣哲罗姆》,这是他现今可以承认的。他整整一生,都在寻找怎样从内部打开牢笼的门。每次他都以为自己找到了。每次他都沉浸于自由之中。而现在,这已经结束了!

他的面容

他六十五岁,六十六岁,六十七岁……这个人们不管在他哪个年龄介绍他时都被称为最英俊的,最惊艳的男人,忽然变成七十多岁的样子了。人们不约而同地觉得他比真实的年龄还要老十岁。而且他也觉得自己衰老了,累了,对自己富人的新身份感到无聊了,他再也不用整天追着钱跑了。没有了雄心作为必需品,任何东西都不能真正让他感兴趣了。誊清他的"小册子"呢? 他有梅尔齐的帮助。去满足国王的小愿望呢? 他只用委托别人去做就行了。因为连自己目标的四分之一都没有完成,而且看着自己日益增长的无力感,他的脸上蒙上了忧郁。太晚了! 一切都太晚的那一刻已经来了。

悲伤每天一点一点影响着他的样子。天空的明朗,他周边清澈的风景让他处于无念无想的状态。他把自己

---

① 至少在他的小册子里是这么说的,一两个见过他的人也是这么说的。但是没有一幅画像可以证明。

封闭在生病、劳累、麻痹、厌倦的框架里。悲伤是因为失去了萨莱吗？他开始不骑马，不散步，不外出了……列奥纳多终于成了他保存在都灵的自画像里那个神秘的老人了。死亡在靠近，就像以前发生在他身上的事一样，它在慢慢地来临。

永　恒

从此之后，他是一个英雄，是某种意义上的巨星，是第一位今天意义上的大人物！他一直以来梦想成为的，梦想拥有的，他都得到了。但是不管他做过什么，即使他再也不做了，现在我们歌颂的是他这个人，他这个角色，他的性格，他创造的传奇。他同时拥有了认可与荣耀。就在这里，在法国，在这个长久以来就对意大利怀有敬仰甚至时不时想要占为己有的国家，这里滋生了对意大利艺术品、花园等的热情，甚至是辨别力。来自阿尔卑斯山另一边的一切都是时尚的。此外，因为列奥纳多热衷于用自己的语言唱歌，让许多意大利人获得了难得的机会为宫廷，为皇室，为工作室工作……而因为他成了类似于历史古迹的存在，他的许多同乡都来拜访他。

曾经的列奥纳多一直拒绝狭隘的爱国主义，但现在他忽然发现他有祖国了。在法国，在他听不懂的窃窃议论声中，在充斥着雾和白霜的需要重新适应的气候里，他忽然觉得自己是一个意大利人了。他从来都没有喜欢过那个国家，但那终究是他的祖国。他把青春留在了那里，现在他感觉自己已经老了，看到一些意大利人来他还感觉到有些开心。能够说自己的语言，能够听到年轻人口

中用自己的语言唱歌，这种快乐是无与伦比的。

所有来拜访他的人都被他令人惊叹的精湛技艺折服，虽然他是一个瘫痪、虚弱、惯用左手的残疾人，但他脸上的坚定、朴实和容光焕发的颤动都继续让人们赞叹着。除了大家都能看到的，所有人也都体会到了列奥纳多接待客人时那种无比的亲切。

枢机主教路易·德·阿拉贡在弗兰德尔向查理五世致敬过后来拜访列奥纳多了，他的秘书安东尼奥·贝亚提向我们这样讲述：

> 他向我们展示了三幅画：一幅是一位佛罗伦萨女性，自然是受伟大的朱利亚诺之托而画的。一幅是年轻的施洗者圣约翰，还有一幅是圣母子依偎在圣安妮的膝上。这三幅画都是极其罕见的完美。但是由于他右手的瘫痪，我们不能再期盼他有大作问世了……除了正常的花销和住所之外，他还从法国国王那里每年得到一千埃居的津贴，他的助手也有三百埃居。[11]

这是关于列奥纳多在克鲁的生命最后一段时期的最详细的描述，但是它又重新提出了围绕在这三幅画上的谜团。这就是我们在卢浮宫看到的那几幅吗？但对它们的描述太粗略了。

从根源上看，《蒙娜丽莎》的委托人就是一个谜，如果不只有一幅《蒙娜丽莎》的话，那证实起来就更难了。接下来的一个世纪，我们发现的画中，一幅叫做《焦孔多》(Gioconda)，一幅叫做《蒙娜丽莎》，一幅是穿着衣服的，另一幅是以黑色为背景的裸体画，还有一幅……其中一幅来自丽莎·焦孔多的丈夫的委托，另一幅是来自朱利

亚诺·德·美第奇的委托,画的是他的情妇,还有一幅画的是扮成女人的萨莱……这足以说明从它刚诞生起到现在,围绕着它的谜团有多么复杂……我们知道萨莱卖掉了大约六个出自他手的《蒙娜丽莎》,但他却恬不知耻地签上了列奥纳多·达·芬奇的名字。17世纪我们还发现了一定数量的《蒙娜丽莎》,画作显得极其不自然,但确实数量很多。

《施洗者圣约翰》没有这类型的问题:列奥纳多在克鲁时放在枕边的那幅《施洗者圣约翰》与卢浮宫里的应该是同一幅。那么,《巴克斯》又是从何而来呢?我们今天拥有的是哪个版本的《巴克斯》呢?因为没有人知道他是不是也画了许多幅《巴克斯》。关于《圣安妮》也存在着相同的疑惑。我们一般倾向于相信,列奥纳多从意大利带到法国的那幅就是今天在卢浮宫里的那幅。那么,在伦敦发现的那幅又是哪儿来的呢?

另一个传说里,弗朗索瓦一世看到《蒙娜丽莎》就爱上了她,在列奥纳多人生中第一次衣食无忧的情况下,他做了这个慷慨的举动,尤其是我们知道他与这幅从来没有离开过他的画感情有多深:他把画送给了法国国王,但要求在自己去世之前仍然享有这幅画。还有一个传言,说是国王本来要用一笔巨款向他买这幅画的!这些都无关紧要了。最重要的难道不是卢浮宫里有一幅《蒙娜丽莎》吗!

在法国,这时正是艺术该要趋于完美的时候。意大利绘画开始走向哥特式城堡。普列马提乔来到了枫丹白露,安内·德·蒙莫朗西用他来自阿尔卑斯山另一端的杰作装饰了埃库昂城堡。弗朗索瓦一世的抱负是引领一

种整个宫廷都会跟随的潮流。

1519 是不幸的一年。所有运动都结束了。列奥纳多再也不能走动了。瘫痪控制了他,他的整个右半身都没逃过。很快列奥纳多只能在梅尔齐和巴蒂斯塔的搀扶下出门了。而且由于他一直相信生命就是运动的同义词,他只能怀疑是生命尽头要来临了。

在此之前,他还有一些机械要完善,如果传言是真的话。而这个传言在 21 世纪初越来越有争议。贝特朗·吉尔讲得再明白不过了:"要用大量的无知和过度的想象才能不顾列奥纳多·达·芬奇的意愿把他塑造成一个多产的发明家。"[12]一直要等到难以讲述的 19 世纪才授予了这位"文艺复兴王子"如此多的美德,并使他成为一个标志。物理学家尼古拉斯·维特克夫斯基写道:"要等很久以后历史才将列奥纳多封为英雄人物,他因为他的绘画得以重生(从中世纪的明暗处理中诞生了文艺复兴的精髓,体现在蒙娜丽莎的卷发中),而随着越来越专业的技术科学远离了它普遍性的理想,圣人化的倾向也愈加得到巩固。"[13]接下来人们又习惯了把他塑造成发明了所有现代机械的学者。人们只借钱给有钱人,从这点来看列奥纳多确实就是个百万富翁!

生命的终点

列奥纳多感觉死亡要来了。寒冷在侵入他的身体。他还要揭掉什么面罩呢?以什么顺序呢?这个男人一生中都戴着面罩前进,但在死亡时刻,他不能再假装了。他重新变回了他自己。但是他自己又是谁?哪个才是真实

的列奥纳多？另外，他自从二十岁之后难道没有很大改变吗？他变得更清醒、严格、执着，没有那么爱幻想、分心、对什么都感兴趣了。一种哲学上的智慧真真实实地占领了他。他突然获得了年老智者的固定形象，也可能很长时间便是如此。事实上，他不再假装什么了。

时间紧迫，生命凋零。他意识还是完全清醒的，但是还能清醒多久？他请来了昂布瓦斯的公证员，为了能在清醒的状态下向他口述最后的愿望。在理智和冷静中，他把他的财产分给了他的仆人，朋友和遥远的家人。他尽力去考虑到所有人。公证员博罗先生在列奥纳多的床头记下了他的遗嘱。内容非常清晰、仔细，就像一幅列奥纳多的画。既不煽情也没有怨恨，没有一个人被忘记。自从他到法国以来一直照顾着他的女厨师玛居丽娜继承了一件有毛皮做衬里的漂亮裙子，一件黑呢绒大衣和两个杜卡特金币。巴蒂斯塔分享了他葡萄园的所有权，之前已有一半给了萨莱。奇怪的是，他最喜欢的男子偏偏什么好处都没有，只得到了他预留给忠心仆人的遗产的一部分：靠近米兰的圣维托雷葡萄园的一半。在他生命最后时刻陪着他的巴蒂斯塔还得到了米兰运河的收益。除此之外还有克鲁城堡珍贵的家具。因为弗朗索瓦一世把城堡里的一切都给了他，列奥纳多可以按自己的意愿去处置。

梅尔齐得到了数量最多的那部分，但同时也是最不讨人喜欢的一部分。列奥纳多给了他所有的书籍、手稿、

素描和工具：即列奥纳多智慧的全部成果①。作为交换，他继承了不可能完成的巨大的编纂任务，当然了他们誊清"小册子"的工作还没完成。如果可能的话，出版列奥纳多计划里的书籍，尤其是优先出版他关于绘画方面的专论。他还给了梅尔齐他剩余的津贴，存在他工作室里的钱，还有他的整个衣橱。事实上，首先落到梅尔齐身上的是遗嘱执行者的正式称谓。

至于他同父异母的血亲，即使曾经厚颜无耻地想要夺走他唯一的遗产，列奥纳多还是给了他们他在新圣玛利亚医院账户的财产，总额大约也有四百埃居。

镇子里的穷人们也没有被遗忘。同样，国王也继承了他的最后几幅画，虽然那些画已经在他那里了。他应该是没有买《蒙娜丽莎》……

----

① 列奥纳多的小册子和其他手稿所记载的故事其实就已经足够写成一部作品了。我们对它们的编写和或多或少有些冒险经历的保存知之甚少，就我们所知的而言，列奥纳多三代之后的继承人盗用、剽窃的现象屡见不鲜，出售其中的几页或者送给想要的人，程度之严重甚至在我们当代人眼里相当于亵渎了。有的把几本小册子里的内容搬来搬去，或者把里面的画分开来和其他小册子里的内容结合在一起……因此我们仅列举那些一直流传到我们这个时代的手稿，以及它们的地理分布。

手稿分布于米兰的昂布罗修和特里乌尔齐奥图书馆，巴黎的法兰西学会，温莎皇家图书馆，伦敦的大英博物馆，牛津大学基督堂学院图书馆，威尼斯学院，都灵皇家图书馆，另外我们还可以在佛罗伦萨的乌菲兹博物馆，巴黎的卢浮宫博物馆和国立美术学院，巴约讷的博纳博物馆，纽约大都会艺术博物馆，魏玛的城堡博物馆，南特市图书馆和一些个人的家中发现笔记或草图。私人收藏里小册子最重要的一部分，《莱斯特手稿》，于1980年由Hammer基金以370万欧元的价格在伦敦公开出售，名字源于它的前主人。我们有时还能发现一些可以归于列奥纳多名下的分散的张页。21世纪我们在马德里找到的小册子还会出现；列奥纳多的创作中可能还有三分之二有待发现；"一万三千页中的七千页"，塞尔日·布朗利在他于1988年出版的《列奥纳多·达·芬奇》里肯定道。

以同样仔细的方式,列奥纳多安排了自己的葬礼,连最小的细节都考虑到了。按照与国王相当的礼节,神职人员也已通知到位。弗朗索瓦一世将会尊重他的意愿。

列奥纳多从来没有着急过,连对待死亡也是这样。一切都按部就班慢慢地进行着,就像死亡应该有的那种安静一样。

1519 年 5 月 2 日,他徒然地在"小册子"上写下了"我会继续……",后面是一个"等等……"[14],充满了希望。玛居丽娜叫他在汤冷掉之前把它喝掉,就在这之后,他倒下了,再也没起来。

巴蒂斯塔、梅尔齐和玛居丽娜冲到他的跟前。大师的眼睛再也没睁开。他就倒在了他写笔记的桌子上。他死了,在工作中。

那天晚上守夜的是同一批人,还有国王姐姐的陪伴。弗朗索瓦一世当时在圣日耳曼昂莱,这就大大减去了多米尼克·安格尔的画的可信度——在他的画中,艺术家死在了国王的怀里……

但是,这又有什么重要的呢?国王回来主持了葬礼。因为这位著名的艺术家,谦卑又诙谐,淳朴又刻薄,沉迷于荣耀和富足,作为皇家盛大节日和令人吃惊的玩笑的导演者,他既喜欢怪诞,甚至是民间文化中怪兽的脸,又喜欢最漂亮的男子们穿着世上最漂亮的衣服,他安排自己的葬礼要足够奢华,配得上他的名声。这是他最后一场庆典。多亏了弗朗索瓦一世对他的仰慕,也许他认为自己和国王一样尊贵呢?

这对佛罗伦萨和罗马所有把他当作一个无神论者,异端邪说的门徒,背教者,甚至是巫师的人来说都是极大

的嘲讽……不,作为一个忠诚的基督教徒,列奥纳多已经小心地把自己的灵魂托付给了上帝、圣母,给了天堂里所有的圣人和天使……

因为名字的相似,或者又是一次命运的嘲讽,佛罗伦萨人达·芬奇竟然埋葬在了昂布瓦斯的圣佛罗伦萨教堂!

丧葬队伍非常可观。整个宫廷都在国王后面跟随着棺柩。再后面是整个村子的人。就如王子的阵仗一般,昂布瓦斯所有的神职人员都参与到了葬礼中。他的棺木由神甫抬着,宗教团在旁护送,包括教区本堂神甫,隐院院长,副本堂神甫和所有下级的修士们。之后在执事,主教代理在场的情况下,举行了三场大型的弥撒和三十场格列高列式的小型弥撒。除此之外,丧葬队还由六十名穷苦人护送,他们每人都被付了70苏来跟随列奥纳多的遗体,手中举着大蜡烛,就像黑夜里的幽灵。圣丹尼大教堂和方济各会的教堂也是如此。每个教堂都分配了十斤的大蜡烛……

6月1日,梅尔齐给列奥纳多的弟弟们写了一封使人伤心的信,他宣布了那个对他来说更甚于父亲的人的死亡……在信中,他承诺会再给他们一份列奥纳多遗嘱的副本。"我想向您告知,您的兄长列奥纳多大师的逝世,他对我来说是一位完美的父亲。我没有办法不表现出我的悲痛,只要我活着,我就有伤心的理由,因为他对我的感情也始终如此强烈如此深切。"[15]回到意大利之前,梅尔齐要等他叔叔来帮他处理八月份在圣佛罗伦萨教堂举行的列奥纳多遗体的正式安葬仪式。这座教堂在大革命时期遭到了破坏,然后于1808年又一次遭到了破坏。

但是没有任何人能确认列奥纳多的遗体是否被埋葬在了祭坛的某一块石板下。一个园林工人竟声称拾到了几块疑似属于列奥纳多的遗骨。在那之前,村子里的孩子难道没有用这些小骨头来玩游戏吗!

就这样列奥纳多的最后一个恶作剧也结束了。

这位文艺复兴的伟大艺术家既没有真实的墓地也没有象征意义上的墓地。什么都没有吗? 一丁点痕迹都没有。他生前不断地播撒自己存在过的证据,但就像是为了弄乱线索一样,他在死时看到自己的心愿全都被满足了。

他安息于无处。

传奇可以继续了。

而且仍在继续。

注　释

序　言

1. Léonard de Vinci, *Carnets*, Gallimard, coll. « Tel »,
   1987.

第一部分(1452—1480)

1. Léonard de Vinci, *Carnets*, *op. cit.*
2. *Ibid.*
3. *Ibid.*
4. *Ibid.*
5. *Ibid.*
6. *Ibid.*
7. *Ibid.*
8. *Ibid.*
9. *Ibid.*

第二部分(1482—1499)

1. Léonard de Vinci, *Carnets*, *op. cit.*

2. *Ibid.*

3. *Ibid.*

4. *Ibid.*

5. *Ibid.*

6. *Ibid.*

7. *Ibid.*

8. *Ibid.*

9. *Ibid.*

10. *Ibid.*

11. *Ibid.*

12. *Ibid.*

13. *Ibid.*

14. *Ibid.*

15. *Ibid.*

16. *Ibid.*

17. *Ibid.*

18. *Ibid.*

19. *Ibid.*

20. *Ibid.*

21. *Ibid.*

第三部分(1499—1506)

1. Cité par André Chastel, *Léonard de Vinci*, Liana Levi, 2002.

2. Léonard de Vinci, *Carnets*, *op. cit.*

3. *Ibid.*

4. *Ibid.*

5. *Ibid.*

6. *Ibid.*

7. *Ibid.*

8. *Ibid.*

9. *Ibid.*

10. *Ibid.*

11. *Ibid.*

12. *Ibid.*

13. *Ibid.*

14. Adolfo Venturi, *Léonard de Vinci et son école*, Éditions Rombaldi, 1948.

15. Léonard de Vinci, *Carnets*, *op. cit.*

16. Giorgio Vasari, *Les Vies des meilleurs peintres, sculpteurs et architectes*, Les Belles Lettres, 2002.

17. Léonard de Vinci, *Carnets*, *op. cit.*

18. *Ibid.*

19. *Ibid.*

20. *Ibid.*

21. Adolfo Venturi, *Histoire de l'art*, cité par André Chastel, *Léonard de Vinci*, *op. cit.*

22. Léonard de Vinci, *Carnets*, *op. cit.*

23. *Un souvenir d'enfance de Léonard de Vinci*, traduit de l'allemand par André et Odile Bourguignon, Janine Altounian, Pierre Cotet et Alain Rauzy, Gallimard, coll. « Connaissance de l'inconscient », 1987.

24. Léonard de Vinci, *Carnets*, *op. cit.*

25. *Ibid.*

26. Cité par Fred Bérence, *Léonard de Vinci ouvrier de l'intelligence*, Payot, 1938.

27. *Ibid.*

28. *Ibid.*

29. *Ibid.*

30. *Ibid.*

31. Léonard de Vinci, *Carnets*, *op. cit.*

32. Fred Bérence, *op. cit.*

33. Léonard de Vinci, *Carnets*, *op. cit.*

34. *Ibid.*

35. *Ibid.*

36. *Ibid.*

37. *Ibid.*

38. *Ibid.*

39. *Ibid.*

第四部分(1513—1519)

1. Léonard de Vinci, *Carnets*, *op. cit.*

2. *Ibid.*

3. Anonyme Gaddiano, « Première vie de Léonard » in André Chastel, *Traité de Peinture.*

4. Giorgio Vasari, *Les Vies des meilleurs peintres, sculpteurs et architectes*, *op. cit.*

5. Léonard de Vinci, *Carnets*, *op. cit.*

6. Giorgio Vasari, *Les Vies des meilleurs peintres,*

sculpteurs et architectes, *op. cit.*

7. Léonard de Vinci, *Carnets*, *op. cit.*

8. *Ibid.*

9. Eugenio Garin, *L'Homme de la Renaissance*, *op. cit.*

10. André Green, *Révélations de l'inachèvement* : *Léonard de Vinci*, Flammarion, 1992.

11. Antonio de Beatis, *Voyage avec le cardinal d'Aragon en 1517-1518*, Éditions Pastor, 1905.

12. Bertrand Gille, *Les Ingénieurs de la Renaissance*, Le Seuil, 1978.

13. Nicolas Witkowski, *Une histoire sentimentale des sciences*, Le Seuil, coll. « Science ouverte », 2003.

14. Léonard de Vinci, *Carnets*, *op. cit.*

15. Cité et traduit par Serge Bramly, *Léonard de Vinci*, *op. cit.*

参考文献①

所有无出处或未注明参考文献的引文都出自列奥纳多·达·芬奇著名的"小册子"，包括他四散在世界各地的手稿。

列奥纳多·达·芬奇的作品

Aphorismes, nouvelles et récits, Arléa, 2001.

Les Carnets *de Léonard de Vinci*, Gallimard, coll. « Tel », 1997.

Dessins anatomiques, Éditions Roger Dacosta, 1961.

Hommes, Bêtes et météores, Arléa, 2007.

Léonard de Vinci. Tout l'oeuvre peint et graphique, présentation par Frank Zöllner, traduction par Wolf Fruhtrunk, Taschen, 2007.

Les Manuscrits de Léonard de Vinci, Manucrits H de la Bibliothèque de l'Institut, Ash. 2038 et 2037 de la Bibliothèque nationale, avant-propos de Charles

---

① 所有参考文献均保留原文形式。

Ravaisson-Mollien, Maison Quantin éd. , 1891.

Manuscrits de Léonard de Vinci, Manuscrits C et D de l'Institut de France, introduction et traduction française d'André Corbeau, 1964.

Maximes, fables et devinettes, Arléa, 2002.

Pages autographes et apocryphes de Léonard de Vinci, présentées par Charles Ravaisson-Mollien, Société nationale des antiquaires de France, 1888.

Prophéties, Gallimard, coll. 《 Folio 》, 2007.

Textes choisis, Mercure de France, 1995.

Textes choisis, pensées, théories, préceptes, fables et facéties, préface de Joséphin Péladan, Mercure de France, 1929.

Traité de la peinture, édition d'André Chastel, Club des Libraires de France, 1960, Berger-Levrault, 1987.

Traité de la perspective linéaire, L'Harmattan, 2007.

有关列奥纳多·达·芬奇的作品

ANONYME GADDIANO, « Première vie de Léonard », in André Chastel, *Traité de Peinture*...

Daniel ARASSE, *Léonard de Vinci*, le rythme du monde, Hazan, 1997.

—, *L'Annonciation italienne*, une histoire de perspective, Hazan, 2000.

—, *Le Détail*, *Flammarion*, coll. « Champs », 2005.

Fred BÉRENCE, *Léonard de Vinci ouvrier de*

l'intelligence, Payot, 1938.

Serge BRAMLY, *Léonard de Vinci*, Lattès, 1988.

Marcel BRION, *Léonard de Vinci*, Albin Michel, 1952.

COLLECTIF, *Au coeur de la Joconde*, Gallimard, 2006.

—, *Léonard de Vinci, l'inventeur*, Fondation Pierre Gianadda, 2002.

—, *Léonard de Vinci*, RMN-Réunion des musées nationaux, 2004.

André CHASTEL, *Léonard de Vinci*, Liana Levi, 2002.

Kenneth CLARK, *Léonard de Vinci*, Le Livre de Poche, 1967 ; LGF, 2005.

Christian COMBAZ, *Lion ardent ou la confession de Léonard de Vinci*, LGF, 2007.

Pierre DUHEM, *Études sur Léonard de Vinci, ceux qu'il a lus et ceux qui l'ont lu*, Archives contemporaines, 2007.

Sigmund FREUD, *Souvenir d'enfance de Léonard de Vinci*, Gallimard, 1998.

Anne GUGLIELMETTI et Pietro C. MARANI, *Léonard de Vinci*, Actes Sud-Motta, 1999.

André de HÉVÉSY, *Pèlerinage avec Léonard de Vinci*, Firmin Didot et Cie, 1901.

Arsène HOUSSAYE, *Histoire de Léonard de Vinci*, Didier, 1869.

Pierre HUARD, *Léonard de Vinci, dessins anatomiques*, Trinckvel éd. , s. d.

Paul JOVE, « Vie de Léonard », in *Traité de*

peinture, 1527.

Olivier LABOUREUR et Christine GERMAIN, *Léonard de Vinci et son temps*, Mango, 1999.

Domenico LAURENZA, *Les Machines de Léonard de Vinci*, Gründ, 2008.

Jean-Pierre MAIDANI, *Léonard de Vinci, mythologie ou théologie*, PUF, 1994.

Pietro C. MARANI, *Léonard de Vinci*, Gallimard, 1996.

Dimitri MEREJKOVSKI, *Le Roman de Léonard de Vinci*, Presses de la Renaissance, 2004.

Eugène MUNTZ, *Notes et dessins sur la génération Windsor*, Paris, 1901.

—, *Léonard de Vinci*, Parkstone Press Ltd, 2006, 2 vol.

Charles NICHOLL, *Léonard de Vinci*, Actes Sud, 2006.

Sh. NULAND, *Léonard de Vinci*, Édition Fides, 2000.

Walter PATER, *Léonard de Vinci*, Payot, 1898.

Joséphin PÉLADAN, *La Philosophie de Léonard de Vinci*, Stalker éds, 2007.

Ron PHILO et Martin CLAYON, *Léonard de Vinci*, Seuil, 1992.

Ladislao RETI, *Léonard de Vinci, l'humaniste, l'artiste, l'inventeur*, Laffont, 1974.

A. ROCHON, *La Jeunesse de Léonard de Vinci*, Paris, 1963.

E. ROUVEYRE, *Notes et dessins sur la génération*

Windsor, Paris, 1901.

Renand TEMPERINI, *L'ABCdaire de Léonard de Vinci*, Flammarion, 2002.

Paul VALÉRY, *Introduction à la méthode de Léonard de Vinci*, Paris, 1930 ; Gallimard, coll. « Folio essais », 1992.

Giorgio VASARI, «Vie de Léonard de Vinci », in *Les Vies des meilleurs peintres, sculpteurs et architectes*, Les Belles Lettres, 2002.

Carlo VECCE, *Léonard de Vinci*, Flammarion, 2001.

Frank ZÖLLNER, Françoise VIATTE, *Léonard de Vinci*, 5 continents Éd. , 2005.

有关列奥纳多·达·芬奇同时代或重大事件的作品

Julio Carlo ARGAM, *Perspective et Histoire au Quattrocento*, Éditions de la Passion, 1990.

Bernard BERENSON, *Les Peintres italiens de la Renaissance*, Gallimard, 1953.

Hubert DAMISCH, *L'Origine de la perspective*, Flammarion, 1993.

Jean DELUMEAU, *La Civilisation de la Renaissance*, Arthaud, 1984.

Élie FAURE, *Histoire de l'art*. L'art renaissant, Denoël, 1986.

Eugenio GARIN, *L'Homme de la Renaissance*, Le Seuil, coll. « Point », 1990.

J. GOISMARD (sous la dir. de), *Florence au temps de Laurent le Magnifique*, Hachette.

Yves HERSANT, *Italies*, Laffont, coll. «Bouquins », 1988.

MACHIAVEL, *OEuvres complètes*, Gallimard, coll. « La Pléiade », 1952.

Jean-Claude MARGOLIN, *L'Humanisme en Europe au temps de la Renaissance*, PUF, 1981.

Jacques MESNIL, *Botticelli*, Albin Michel, 1938.

Erwin PANOFSKY, *Essai d'iconologie, thèses humanistes dans l'art de la Renaissance*, Gallimard, 1967.

—, *Le Codex Huygens et la « théorie art » Léonard de Vinci*, Flammarion, 1996.

大事年表

1452 年　列奥纳多出生于安西亚诺或芬奇。他父亲是已经在佛罗伦萨居住了三年的公证员,娶了十六岁的阿尔别拉。

1464 年/1467 年　到达佛罗伦萨(日期不确定)。阿尔别拉和祖父去世。

1468 年　列奥纳多始终都登记于他祖父在芬奇的税务申报单上。

1469 年　列奥纳多出现于他父亲在佛罗伦萨的税务申报单上,此时的他是韦罗基奥的学生。洛伦佐·德·美第奇时代来临。

1472 年　被登记在画家行会的注册簿上。

1473 年　画了第一幅风景画,也可能是第一幅《圣母领报》。他父亲第二任妻子去世。

1474 年　画了吉内芙拉·德·本奇的画像。

1476 年　举报箱告密事件。被控诉鸡奸的罪名。他父亲的第三位妻子生下他第一个合法孩子。

1477 年　一年半的时间里我们对他一无所知。波提切利画了《春》。

1478 年　画了两幅仕女像,其中一幅木板油画被丢弃。

帕齐家族的阴谋，洪水，鼠疫。

1479年　收到《圣哲罗姆》的委托，没有画完，还有《柏诺瓦的圣母》。

1480年　列奥纳多开始画《博士来拜》，该画未完成并留在了本奇家里。斯福尔扎掌控米兰。洛伦佐·德·美第奇不想让他去罗马。

1481年　为了向教皇致敬，佛罗伦萨所有优秀艺术家都被洛伦佐·德·美第奇派去画西斯廷礼拜堂，除了列奥纳多。

1482年　在阿塔兰忒和琐罗亚斯德的陪同下出发去米兰。

1483年　与普雷迪斯兄弟合作一起画了《岩间圣母》。查理八世成为法国国王。

1485年　米兰鼠疫。开了一间工作室，《哺乳圣母》即出于此。可能很少一部分出自他手。

1486年　画了米兰大教堂灯塔草图。人们开始谈论萨伏那洛拉。

1487年　画了《音乐家》画像。为"天堂盛宴"做布景，这是他第一次导演的大型庆典，虽然三年后才正式举行。西西里迎来宗教裁判所。

1488年　画了《抱貂女郎》，米兰公爵切奇利娅·加莱拉尼的肖像。韦罗基奥去世。

1489年　画了颅骨解剖图和建筑设计图。为吉安·加莱亚佐·斯福尔扎和阿拉贡的伊莎贝尔在托尔托纳的婚礼进行设计，做了第一个自动机械装置。获得为斯福尔扎祖先铸造骑士雕像的合约。

1490年　在帕维亚，遇到弗朗切斯科·迪·乔治·马提

尼,与他交换了计划和方案。进行水利工作。萨莱的到来。为斯福尔扎侄子推迟的婚礼组织庆典,贝林乔尼记载这场盛典为:著名的"天堂盛宴"。

1491 年 导演"野人"比赛和庆典,他负责了布景、服装、导演……米兰公爵与贝亚特里切·德·埃斯特的婚礼。"巨马"像的工作一直在进行中。画了暴风雨、战争,以及一系列侧面像。

1492 年 布拉曼特修筑了圣玛利亚感恩教堂的祭坛。十二月,列奥纳多完成了"巨马"塑像的石膏模型,并准备实施铜浇铸的步骤。克里斯托弗·哥伦布发现美洲。犹太人被驱逐出西班牙。

1493 年 卡塔里娜,我们一般认为是列奥纳多的母亲,来与他会合,在他身边生活了一到两年,然后去世了。他画了寓意画。练习解剖,研究飞行。他的"巨马"草图被展览,激起盛赞。

1494 年 他的"巨马"塑像最终被放弃了,因为战争的威胁,铜需要被熔化用于战争。查理八世与皮耶罗二世·德·美第奇公爵结盟。开始意大利战争。他攻占了那不勒斯。斯福尔扎侄子在帕维亚去世。美第奇家族被革职并被驱逐出佛罗伦萨。萨伏那洛拉掌权。

1495 年 装饰斯福尔扎城堡的房间。往返于米兰和佛罗伦萨之间。获得在圣玛利亚感恩修道院一面翻新的墙上画《最后的晚餐》的合约。

1496 年 导演巴尔达萨尔·塔科内的《达娜厄》。画了米兰公爵新情妇的肖像画,今天称之为《铁匠家的

219

美女》(《美丽的费隆妮叶夫人》)。与卢卡·帕乔利建立了知识层面上的友谊,这是一场围绕着数学的长期合作的开端。有了《神圣比例》的编书计划。

1497 年　一直专注于画《最后的晚餐》。他的工作室里来了新学生。第二次导演《达娜厄》。

贝亚特里切·德·埃斯特去世。

1498 年　装饰天轴厅。和卢卡·帕乔利一直为《神圣比例》的编纂工作。

斯福尔扎给了他一个葡萄园。进行飞行器试验。路易十二继任查理八世。

萨伏那洛拉在佛罗伦萨被处以火刑。

1499 年　在利尼、奥比尼、波吉亚……的法国军队兵临城下的时候,斯福尔扎逃了。

路易十二进入米兰。波吉亚成为瓦伦蒂诺公爵。威尼斯受到了土耳其人的威胁。

十二月,列奥纳多准备离开。

1500 年　逃离到曼托瓦的伊莎贝拉·德·埃斯特家里,画了她的肖像画草图。在帕乔利的陪伴下离开去威尼斯。在那里作为军事工程师工作。斯福尔扎重新夺回米兰,但是被法国人逮捕。"巨马"塑像的石膏模型被毁坏。重新回到佛罗伦萨。菲利皮诺·利皮向他转让了他在圣母领报大教堂里的主祭坛后部装饰屏的订单,即《圣安妮》。进行加固圣米尼亚托和帮助富商装修别墅的小工作。

1501 年　展示《圣安妮》草图:获得了成功,订单纷至沓

来。为法国人罗伯特画《圣母像》。和帕乔利一
直为他的几何学书工作。法国人占领罗马。

1502 年　为伊莎贝拉·德·埃斯特做鉴定。马基雅弗利
派他以军事工程师的身份到恺撒·波吉亚身
边,他跟随着波吉亚的大部队到达罗马涅。见
证他的征服,绘制战略地图、地形图、平面图,建
造第一座可移动的桥。革新绘图法。与马基雅
弗利建立友谊。

1503 年　在波吉亚身边经历了一年的战争后回到佛罗伦
萨。没有工作,他向巴耶济德二世毛遂自荐,但
是后者甚至都没有回复他。作为军事工程师参
与了比萨的围城,他提议在阿诺河修一条改道
运河。方案先是被接受了,然后又被拒绝。马
基雅弗利给了他画一幅《安吉亚里之战》来装饰
佛罗伦萨市政议会大厅的委托订单,接着是《蒙
娜丽莎》和《丽达》的订单。

1504 年　为了决定米开朗琪罗的《大卫》的放置地点,托斯
卡纳共和国召集了当地的艺术家,他给出了咨询
意见。这让他成了竞争对手米开朗琪罗一生的
仇恨对象。他的父亲去世,留下了十个儿子和两
个女儿,他们禁止列奥纳多继承父亲的遗产。他
继续画《安吉亚里之战》和《蒙娜丽莎》。

1505 年　开始给《安吉亚里之战》上色。米开朗琪罗到来,
在同一间屋子里画他自己的《战役》,就在列奥纳
多对面的墙上!列奥纳多关心鸟类的飞翔。又
一次飞行失败。他一直在画《蒙娜丽莎》,拉斐尔
画了一幅复制品。他又画了一幅《丽达》。

221

1506 年 为了解决米兰债务,普雷迪斯请他来重新画一
幅《岩间圣母》。佛罗伦萨不想放他走。他得到
了三个月的期限。米兰的统治者查理·德·昂
布瓦斯一直把他留到了年底。开始第二幅《岩
间圣母》。雇佣弗朗切斯科·梅尔齐。

1507 年 路易十二到达米兰并要求见他。他把列奥纳多
葡萄园的所有权还给他,还给了他一段运河,包
括一片水域收益和一笔不薄的年金。列奥纳多
组织了路易十二的入城庆典。他的叔叔去世,
但是他的弟弟们向他提起诉讼,要剥夺他的继
承权。九月,回到佛罗伦萨。

1508 年 在佛罗伦萨,他重新整理了他的手稿,帮助乔瓦
尼·弗朗切斯科·鲁斯蒂奇的《施洗者圣约翰
布道》组像。往返于佛罗伦萨和米兰之间。两
幅圣母像遗失。重试在医院的解剖研究,研究
水域事宜。

四月,回到米兰,完成《岩间圣母》。米开朗琪罗
开始画西斯廷礼拜堂。

1509 年 威尼斯人被法国人打败。列奥纳多组织路易十
二的凯旋仪式。完成了他的《丽达》,一幅《圣安
妮》,一幅《施洗者圣约翰》……

1510 年 在帕维亚的德拉·托雷身边,他继续解剖研究,
但是德拉·托雷忽然因鼠疫去世。他们共同出
书的计划再也没能实现。波提切利去世。

1511 年 查理·德·昂布瓦斯去世。列奥纳多到阿达河
畔瓦普里奥的梅尔齐家里。他经历了瑞士人的
纵火。

1512 年　　拉文纳战役,法国人打破了神圣联盟,加斯东·德·富瓦战死。斯福尔扎的儿子重返米兰,列奥纳多离开。美第奇家族重新掌控佛罗伦萨。

1513 年　　到达罗马,被教皇的哥哥朱利亚诺·德·美第奇叫去负责梵蒂冈的艺术。和他的团队,萨莱、梅尔齐、巴蒂斯塔等人一起住在贝尔韦代雷。朱利亚诺派来两个在凹面镜方面的德国专业助手协助他。

1514 年　　到达罗马的第二年他因科学研究和解剖研究被人在教皇面前检举。他发明了一种在蓝色画纸上画草图的技术。去给蓬蒂尼亚沼泽排水。接着画《蒙娜丽莎》和《施洗者圣约翰》。停留在帕尔马。染上疟疾。

1515 年　　萨莱离开他去往米兰。路易十二逝世,弗朗索瓦一世继任。朱利亚诺前往法国结婚。列奥纳多被诽谤和争吵弄得疲惫不堪。他现在只画洪水,他写信向朱利亚诺抱怨德国助手剽窃他的研究成果。年底,教皇利奥十世带着他一起去和弗朗索瓦一世议和,后者以猎豹般的速度攻占了意大利。列奥纳多在那里见到了法国国王。国王希望列奥纳多能为自己所用。他很犹豫,然后回到了罗马。马基雅弗利写了《君主论》。

1516 年　　朱利亚诺去世。列奥纳多在罗马再无庇护。弗朗索瓦一世邀请他到法国去。和巴蒂斯塔、梅尔齐一起,他越过了阿尔卑斯山。国王把宫廷所在地昂布瓦斯宫殿附近的克鲁城堡送给了他。

1517 年　和梅尔齐一起,他重新整理他的"小册子"和手稿,为了有朝一日能将它们出版。在意大利之行之前曾经吸引了弗朗索瓦一世的他的机械狮子,为他在法国国王跟前赢得了声誉的他的机械狮子,重新在列奥纳多组织的昂布瓦斯多场庆典中投入使用:国王二儿子的洗礼仪式,马里尼亚诺的生日,洛伦佐·德·皮耶罗·德·美第奇的婚礼。来自意大利的拜访者来看望他,描述他被荣耀和尊敬包围着。除了他所有的素描外,他还把《蒙娜丽莎》《施洗者圣约翰》和一幅《圣安妮》带在身边。国王每年给他拨款一千埃居。国王骑马出行的时候经常把他带在身边,他们幻想着未来,幻想着理想城市,幻想着列奥纳多设计、梅尔齐绘制草图的美妙的花园,以及罗莫朗坦的宫殿、运河疏浚、索洛涅的排水……

1518 年　组织皇家庆典,5 月 3 日和 15 日在昂布瓦斯,6 月 19 日在克鲁他的家里。

1519 年　4 月 23 日,他口述了他的遗嘱,把遗产优先给予他的遗嘱执行人梅尔齐,还有巴蒂斯塔,尤其是因为萨莱从他生活中消失了。他死于 5 月 2 日。国王当时在圣日耳曼昂莱为他的第四个孩子举行洗礼仪式。8 月 12 日,国王主持葬礼将他埋葬在圣佛罗伦萨教堂,接受与国王一样的待遇。

1790—1793 年间　法国大革命使他的遗骨四散……

图书在版编目(CIP)数据

达·芬奇传/(法)苏菲·肖沃著;郭一帆,徐诗莹译. —杭州:浙江大学出版社,2018.9
(中华译学馆.艺术家)
ISBN 978-7-308-18572-1

Ⅰ.①达… Ⅱ.①苏…②郭…③徐… Ⅲ.①达·芬奇(Leonardo,da Vinci 1452-1519)—传记 Ⅳ.①K835.465.72

中国版本图书馆 CIP 数据核字(2018)第 201457 号

达·芬奇传

[法]苏菲·肖沃 著

郭一帆 徐诗莹 译

策 划	包灵灵
责任编辑	包灵灵
责任校对	於国娟 陆雅娟
封面设计	项梦怡
出版发行	浙江大学出版社
	(杭州市天目山路 148 号 邮政编码 310007)
	(网址:http://www.zjupress.com)
排 版	浙江时代出版服务有限公司
印 刷	浙江省邮电印刷股份有限公司
开 本	880mm×1230mm 1/32
印 张	7.25
插 页	8
字 数	160 千
版 印 次	2018 年 9 月第 1 版 2018 年 9 月第 1 次印刷
书 号	ISBN 978-7-308-18572-1
定 价	36.00 元